MÄDCHEN 12 Jahre GLÜCKLICH

Das lustige Ratgeberbuch für Mädchen.

Ein Geschenkbuch für Girls mit Rückblick über die vergangenen Jahre und tollen Tipps und Tricks für die Zukunft

Autorin

Sarah Berg

ISBN: 9798403862219

Inhalt

Endlich bin ich 12 Jahre alt

Endlich 12 Jahre alt geworden und die Interessen haben sich geändert. Die beliebten Kinderspiele sind out, die süßen rosafarbenen Kleider mit Blümchen sind nur noch peinlich, und Du hast immer mehr Fragen, was mit Deinem Körper passiert. Besonders in den Mittelpunkt rückt sicherlich die eine Frage, ob Dich ein bestimmter Junge auch genauso mag wie Du ihn. Die Erwachsenen nerven Dich immer mehr mit ihren Sorgen und Vorschriften und eigentlich fühlst Du Dich bereits erwachsen genug, um eigene Entscheidungen treffen zu können. Kein Wunder, denn aus dem kleinen Mädchen wird langsam eine Dame. 12-Jährige Mädchen bekommen einen ganz anderen Blick auf viele Dinge, die sich um sie herum abspielen und fühlen sich oftmals unverstanden. Du solltest Dir dieses Buch einfach einmal durchlesen und Du wirst sehen, dass Du oftmals Recht hast, wirst aber auch eine andere Sichtweise auf viele Dinge erhalten, die bislang noch eher unklar sind.

Ein Rückblick auf vergangene Jahre

Jaja, Du warst mal ein süßes Baby, als dir Oma und Opa bei ihrem Besuch immer in die Wange kneifen mussten, wo Deine Mama Dir am Morgen Deine Haare gemacht hat und wo Papa versucht hat, Dich nicht zu sehr zu verhätscheln. Erinnerst Du Dich an die ersten Schritte, die Du gemacht hast? Sicherlich nicht. Du warst wohl noch zu klein, aber Deine Eltern wissen diesen Moment noch ganz genau. Das erste Mal als Du alleine aufs Töpfchen gegangen bist. Man, was für ein Ereignis! Heute ist Dir dies bestimmt ausgesprochen peinlich, wenn Mama und Papa von diesem besonderen Moment berichten. Eventuell erinnerst Du Dich noch an die Krabbelgruppe oder an Deine Tage im Kindergarten. Das war eine unbeschwerte Zeit. Du musstest Dir um nichts Sorgen machen, einfach spielen, spielen und nochmal spielen.

Dein erster Schultag, ein Ereignis, welches alle Kinder als besonders empfinden. Denkst Du heute an die Schule, so verbindest Du diese sicherlich auch mit Momenten, die Dir nicht so gut gefallen, aber das ist ganz normal. Man schaut auf die Uhr, fragt sich, wann es denn endlich zur Pause klingelt und man seinen Schwarm auf dem Schulhof bewundern kann. Die Dinge haben sich geändert. Heute achtest Du darauf, dass Du möglichst angesagte und coole Klamotten trägst, dass Deine Haare sitzen und dass Du als erstes in die Pause stürmen kannst. Eventuell erinnerst Du Dich gar nicht mehr an alle Einzelheiten aus Deiner Kindheit, aber es gibt bestimmt ein Fotoalbum mit tollen Erinnerungen. Ich habe zwei Kinder, die mittlerweile auch schon älter sind. Früher fanden sie es peinlich, wenn ich von irgendeinem Blödsinn berichtet habe, den sie gemacht haben, aber heute müssen sie darüber lachen.

Du kennst sicherlich auch kleine Kinder, vielleicht Deine Schwester oder Deinen Bruder oder Kinder von Bekannten, musst Du da nicht auch manchmal lachen, wenn sie etwas komisches machen? Eigentlich sind alle Kinder so. Sie probieren neue Dinge aus und dabei passiert irgendetwas komisches. Erinnerst Du Dich noch an den ein oder anderen Urlaub? Du warst bestimmt mal mit Deinen Eltern in einem Solchen. Gerade im Urlaub passieren immer aufregende und vor allem neue Dinge, die einen schmunzeln lassen. Hast Du vielleicht mal etwas gemacht, was Deine Eltern gar nicht wissen? Hütest Du ein Geheimnis? Klar, hast Du eins. Das muss auch so sein, denn genau so ein Geheimnis macht es erst spannend und Du wirst Dich an diese eine Situation immer erinnern.

Meine ersten 12 Jahre -
So sehe ich mich

Hier kannst du etwas eintragen. In ein paar Jahren wirst du dir dies gerne noch einmal anschauen.

Meine ersten 12 Jahre - So sieht mich meine Familie

Hier kann deine Familie etwas eintragen.
In ein paar Jahren wirst du dir dies gerne noch einmal anschauen.

Endlich 12 Jahre – Was passiert mit meinem Körper?

Langsam fangen Deine Brüste an zu wachsen und wenn sie berührt werden, sind sie wesentlich sensibler. Sie können sogar wehtun. Deine Haut verändert sich in der Pubertät auch. Es kommt zu Unreinheiten, Mitessern, Pickeln und sie wird wesentlich schneller fettig. Es zeigen sich die ersten glatten Schamhaare. Sie breiten sich während der Pubertät aus, beginnen sich zu kräuseln und werden immer mehr. Deine äußeren und inneren Schamlippen sowie Deine Klitoris verändern ihr Aussehen. Es kann passieren, dass Du plötzlich einen riesen Wachstumsschub bekommst. Es ist total normal, dass Deine Arme und Beine sich dem restlichen Körper in der Zeit nicht so anpassen wollen. Während der Pubertät legt sich das aber wieder und die ungleichen Proportionen wachsen heraus. Neben all diesen Dingen verändern sich auch Deine Gebärmutter und Eierstöcke. Die erste Monatsblutung kommt zwischen dem elften und vierzehnten Lebensjahr. Deine erste Monatsblutung bedeutet für Dich eine enorme Veränderung und ist ein wichtiger Augenblick in Deinem Leben, sowohl körperlich, als auch seelisch. Anfangs wird die Monatsblutung noch unregelmäßig auftreten, was absolut normal ist. Erst einmal muss sich der Zyklus bei Dir einpendeln.

Es treten zudem Stimmungsschwankungen auf. Viele Mädchen haben, wenn sie ihre Tage haben, prämenstruelle Beschwerden, die sich in Unterleibsschmerzen, berührungsempfindlichen und anschwellenden Brüsten zeigen. Es kann auch passieren, dass Du an Gewicht zunimmst. Aber keine Sorge, das wird sich alles einpendeln und mit der Zeit gewöhnst Du Dich an diesen Zustand, der einmal im Monat auftreten wird. Auch der weiteste Weg beginnt immer mit dem ersten Schritt.

Komme ich jetzt in die Pubertät?

Anders als bei Jungs, beginnt bei Mädchen die Pubertät schon mit 10 Jahren. Bei Jungs erst ab etwa 12 Jahren. Es gibt das Sprichwort: „Besser einen Sack Flöhe hüten als eine Tochter". Dieses bezieht sich auf die Zeit, in der das Kind in die Pubertät kommt. Vom einen auf den anderen Tag ist auf einmal alles anders. Warst Du an einem Tag noch ganz ausgeglichen und ein richtiger Sonnenschein, mutierst Du auf einmal zur Zicke. Das ist jetzt etwas übertrieben, doch kommst Du in die Pubertät, zeigen sich bei Dir Stimmungsschwankungen. Die ganze Palette an Gefühlen kann Dich an einem einzigen Tag überfallen. Dazu gehören Trauer, Freude, Zärtlichkeit, Lust und Frust. Klebten bis zum Beginn der Pubertät noch Pferdeposter an den Wänden Deines Zimmers, schmücken diese nun Bilder von Stars. Plötzlich ist das Telefon dauernd besetzt, da Du ständig mit Deinen Freundinnen telefonierst. Das Badezimmer ist von nun an auch abgeschlossen, wenn Du es benutzt. Deine Sprache und Deine Bewegung verändern sich. Keine Angst, Du wirst nicht durch die Gegend torkeln und Du wirst auch nicht plötzlich Englisch oder Französisch reden, obwohl es sich für Deine Eltern sicherlich manchmal so anhören wird. Du benutzt einfach die Sprache der Jugend. Du wirst sicherlich nicht mehr sagen, dass Du etwas entspannen möchtest, sondern Du wirst sicherlich chillen. Möchtest Du, dass jemand anderes bezahlt, dann heißt es eher, dass es auf den Nacken des Anderen geht. Hast Du Streit mit jemandem, dann hast Du mit ihm Beef. Die Dir sonst bekannte Sprache wird einfach etwas abgeändert, sie wird cooler und Du passt Dich gleichaltrigen an. Bist du dabei, so bist du bereits zu 80 % erfolgreich.

Was heißt eigentlich Pubertät?

Die Pubertät muss jeder Mensch durchlaufen, egal, ob Junge oder Mädchen. Sie ist eine bestimmte Entwicklungsphase des Jugendlichen, in der er seine Geschlechtsreife entwickelt. Hierbei handelt es sich weder um eine Krankheit, noch um einen dauerhaften Zustand. Wer die Pubertät durchlaufen hat, wird als vollwertiger Mensch bezeichnet. Die Pubertät kann unterschiedlich lange anhalten und in den meisten Fällen bist nicht Du diejenige die damit Probleme hat, sondern eher Dein Umfeld, denn Du entwickelst Dich weiter und hast Deinen eigenen Kopf. Einige Teenager, die in die Pubertät kommen, haben auch mit sichtlichen Hormonschüben zu tun. Es breiten sich immer wieder Pickel aus, was normal ist. In einigen Fällen kommt es sogar zu einer starken Akne. Dieser Zustand nimmt jedoch mit der Zeit wieder ab und Du wirst merken, dass sich Deine Haut wieder positiv verändert und das auch Deine Mitmenschen wieder mehr von Dir angetan sind.

Was ist während der Pubertät so los zu Hause?

Es verändert sich einiges während der Pubertät. Das gilt auch für Dein Leben zu Hause. Deine Eltern werden Dich kaum noch zu Gesicht bekommen. Sie sehen Dich höchstens, wenn das WLAN ausfällt oder Du Hunger hast. Im Bad stehen, neben den Cremes Deiner Mutter, plötzlich auch Deine Cremes und die Papiertaschentücher sind auf einmal schneller aufgebraucht. In Deinem Zimmer sieht es aus, als hätte eine Bombe eingeschlagen. Für Deine Eltern wird der Schlafentzug mit Dir als Neugeborenes, im Gegensatz zu jetzt, eine schöne Erinnerung sein. Du bist schnell von Fragen Deiner Eltern genervt. Mit Deinen Freunden triffst Du Dich regelmäßig im Internet. Das Bad wird Dein zweites Wohnzimmer werden. Dir ist immer langweilig, aber bei Bitten um Hilfe im Haushalt fällt Dir plötzlich ein, dass Du ganz dringend noch was zu erledigen hast. Der Kühlschrank ist auf einmal viel schneller leer als früher und Lebensmittel verschwinden auf geheimnisvolle Art und Weise. Du bist mit Deinen

Gedanken ganz woanders, und möchten Deine Eltern etwas von Dir, müssen sie es mehrmals erfragen. Gläser und Teelöffel verschwinden auf einmal und das für immer. Hast Du früher mit Freude im Sandkasten gespielt, umgibst Du Dich nun mit einer Wolke aus Parfum. Statt Hörspielkassetten wird nun Musik gehört und das in einer Lautstärke, dass die Nachbarn drei Straßen weiter diese auch noch hören können. Bist Du in der Küche gewesen, um Dir ein Brot zu schmieren, sieht die Küche anschließend aus, als wäre dort eine Bombe eingeschlagen. Die Nächte werden länger und am Morgen fällt es Dir extrem schwer aus dem Bett zu kommen. Das Handy klebt in Deiner Hand fest und das Mittagessen wird für Dich zum Frühstück.

Sei kompromissbereit, dann klappt es auch mit den Eltern

Es ist schwer mit 12 Jahren immer Verständnis für Deine Eltern aufzubringen, das kenne ich von mir selbst. Du solltest es jedoch auch einmal andersherum betrachten: Auch Deine Eltern wissen nicht immer, wie sie jetzt mit Dir umgehen sollen. Sicherlich ist niemand perfekt und jede Seite macht Fehler. Ein klärendes Gespräch kann hier ausgesprochen hilfreich sein. Wie sollen Deine Eltern wissen, was Du gerade möchtest, was Du fühlst oder was Dich belastet, wenn Du nicht darüber redest? Es ist wichtig, dass ihr beide bereit seid, Kompromisse einzugehen. Setzt Euch an einen Tisch, besprecht, welche Wünsche und Vorstellungen Ihr habt und findet einen Weg, dass Du, aber auch Deine Eltern, zufrieden sind. Beispielsweise wünscht Du Dir am Wochenende bis 22:00 Uhr unterwegs sein zu können, Deinen Eltern ist dies jedoch zu spät. Hier wäre 21:00 Uhr doch ein toller Kompromiss.

Wann ist die schlimmste Phase der Pubertät?

Die schwierigste Zeit der Pubertät erwischt Dich mit 14 Jahren. Für Dich als Teenager und für Deine Eltern wird dies eine spannende Zeit sein. Nicht nur körperlich veränderst Du Dich, sondern auch seelisch wird sich einiges bei Dir tun. Meistens erhöht sich zu dem Zeitpunkt auch die Schamgrenze. Du magst Dich nicht mehr vor Familienmitgliedern ausziehen. Sexualität wird immer mehr ein Thema für Dich. Du wirst Dich immer mehr an Menschen in Deinem Alter orientieren und Dich an ihnen messen. Deine Gefühle fahren Achterbahn. Du verliebst Dich, erlebst eine Enttäuschung und verliebst Dich wieder. Mehr und mehr legst Du Wert auf Dein Aussehen und wie Deine Wirkung auf andere ist. Es zeigen sich dabei eventuell Selbstzweifel, Unsicherheit und Minderwertigkeitskomplexe. Deine Hormone verändern sich und in Deinem Gehirn kommt es zu Umbauprozessen, wodurch es zu Stimmungsschwankungen kommen kann. Tägliche Gefühlsausbrüche sind keine Seltenheit und Du bist extrem verletzlich. In der Schule kann es zu Leistungseinbrüchen kommen. Deine Eltern brauchst Du zwar noch, doch sie werden Dir peinlicher und sie sind nicht mehr, wie es als Kind war, Deine Vorbilder. Heftige Diskussionen tauchen in der Familie auf, denn Vorschriften hast Du satt. Du stößt Deinen Eltern damit ganz schön vor den Kopf. Sie würden Dir gerne helfen, Du möchtest ihre Hilfe aber nicht. Alle diese Vorkommnisse sind ein ganz normaler Teil eines jeden Jugendlichen. Das wissen Deine Eltern natürlich auch, doch damals waren sie der Jugendliche, heute müssen Sie damit zurechtkommen, wie ihre Tochter sich gibt.

Bin ich mit 12 Jahren noch ein Kind oder bereits Jugendlicher?

Du giltst als Jugendlicher, wenn Du Dich in der Phase zwischen der Kindheit und dem Erwachsensein befindest. Grob gesagt läuft diese Phase zwischen dem 13. und 21. Lebensjahr ab. Rechtlich gesehen giltst Du als Jugendlicher, wenn Du zwischen 14 und 18 Jahren alt bist. Ab Deinem 12. Lebensjahr gilt für Dich die eingeschränkte Religionsmündigkeit. Du darfst von Deinen Eltern nicht zu einer

Religion gezwungen werden. Alles in allem kannst Du sagen, dass Du gerade den Schritt vom Kind zum Jugendlichen machst. Ein Mensch, der niemals Fehler gemacht hat, hat niemals etwas Neues ausprobiert.

Werde ich mich auch seelisch verändern?

Während der Pubertät wirst Du Dich auch seelisch und psychologisch verändern. Deine Gefühle und Gedanken werden durch diese Veränderungen beeinflusst. Du wirst Dich immer mehr von Deinen Eltern abnabeln und handelst und denkst immer selbstständiger. Du wirst ein anderes Verhältnis zu Deinen Freunden bekommen. Dein Gehirn wächst ebenfalls heran und daraus entstehen emotionale Veränderungen. Du wirst über Dich selber anders denken und um das, was um Dich herum und auf der Welt geschieht.

Stimmungsschwankungen gehören jetzt einfach zu Deinem Alltag. Für Dich sind sie ganz normal und Du denkst alle anderen Menschen haben unrecht und keiner versteht Dich. Meistens kommt es von der einen Minute auf die Andere zu Stimmungsschwankungen, denn Du wechselst plötzlich von himmelhoch jauchzend zu Tode betrübt. Deine Hormone sind an diesem Chaos schuld. Es kann sein, dass Du denkst, Du kommst einfach nicht mehr mit, bei all Deinen Gefühlen, mit denen Du täglich konfrontiert wirst. Bemerkst Du nächstes Mal einen solchen Hormonschub, dann versuche einmal, mit Selbstbewusstsein Deine Bedürfnisse und Gefühle zu äußern. Eine Hilfe kann Dir auch ein Tagebuch sein, indem Du Deine Gefühle und Gedanken niederschreibst.

Dein Verhältnis zu Gleichaltrigen wird sich ebenfalls nach und nach verändern. Viele Mädchen in der Pubertät knüpfen tiefere Freundschaften. Deine Freunde sind nicht mehr die Freunde, mit denen Du im Sandkasten gespielt hast, sondern Du bemerkst, dass es Menschen sind, denen Du Dich immer anvertrauen kannst. Es kann auch passieren, dass Du mehr als freundschaftliche Gefühle empfinden wirst für eine Person, die Dir bis dato eigentlich egal gewesen ist. Achte auf jeden Fall darauf, den Anderen eine gute Freundin zu sein, indem Du Zuverlässigkeit zeigst und dass Du vertrauenswürdig bist. So stärkst Du Dein Selbstvertrauen und Dein Selbstbewusstsein.

Du wirst in Zukunft viele Dinge mit anderen Augen sehen. Umso älter Du wirst, desto mehr betrachtest Du die Welt mit anderen Augen. Immer mehr interessierst Du Dich dafür, was um Dich herum passiert. Du wirst vieles besser verstehen. Die Überempfindlichkeit spielt jetzt ebenfalls eine große Rolle. Du wirst Gefühle wesentlich intensiver erleben und nicht immer weißt Du diese richtig zuzuordnen. Dinge, die in Deinem Umfeld passieren, sind Dir vorher nicht einmal aufgefallen. Deine Hormone wirst Du jetzt spüren sowie den sozialen Druck, der immer mehr steigt. Von jetzt auf gleich bist Du gereizt oder traurig. Oftmals weißt Du selber gar nicht, was plötzlich mit Dir los ist. Sollte dies passieren, nimm Dir Zeit für Dich. Eine Auszeit kann oftmals Wunder bewirken. Jetzt heißt es erstmal tief durchatmen. Du brauchst diese Zeit, damit Du Dich beruhigen kannst. Den anderen Personen um Dich herum teilst Du ganz freundlich und ruhig mit, ohne zu schreien oder wütend zu werden, was gerade Dein Wunsch ist. Für alle Beteiligten ist eine konstruktive Kommunikation hilfreich, damit sie die Emotionen beherrschen können. Fällt Dir das extrem schwer, so suche Dir eine Person, der du vertraust. Es kann Deine beste Freundin, ein Bekannter oder eine andere Person sein. Du kannst auch mit Deinen Eltern sprechen. Sie haben diese Zeit in dem gleichen Alter, wie Du jetzt bist, ebenfalls durchmachen müssen.

Das Gefühl der Unsicherheit wird Dir in dieser Zeit immer mal wieder begegnen und auch das ist ganz normal. Ein solches Gefühl hast nicht nur Du mit Deinen 12 Jahren, sondern auch Erwachsene kommen immer wieder an einen solchen Punkt und müssen ihn überwinden. Viele Mädchen, die in der Pubertät stecken, fühlen sich unsicher, was ihren eigenen Körper betrifft. Das ist ganz normal. Lasse Dich von diesen Zweifeln, Deinem Aussehen gegenüber, nicht unterkriegen. So wie Du bist, bist Du schön. Jeden Tag schaust Du Dich im Spiegel an und Dir fällt etwas auf, was Dir an Dir gefällt. Du solltest dieses eine positive Merkmal stets in den Vordergrund stellen.

Kennst Du das auch, den Gruppenzwang? Deine Freunde werden für Dich immer wichtiger und genauso kann ein Gruppenzwang entstehen. Freunde und Schulkameraden üben Druck auf Dich aus, dass Du bei bestimmten Aktivitäten mitmachen sollst oder Dich in einer bestimmten Art und Weise kleiden solltest, reden sollst oder Dich an riskanten Unternehmungen beteiligst. Nehme den Druck wahr, werde Dir dessen bewusst. So kannst du besser mit der Situation umgehen. Es ist jedoch ausgesprochen wichtig, dass Du in genau solchen Momenten in Dich hineinhorchst und genau das machst, was Du bereit bist zu machen. Lasse Dich niemals zu etwas überreden, was Du nicht möchtest.

Fehlt es dir an Selbstbewusstsein, kannst Du dieses erlernen oder aufbauen. Das hilft Dir besser mit den Veränderungen zurechtzukommen, die du in der Pubertät durchmachst. Das geht nicht von heute auf morgen. Sei geduldig mit Dir selbst und nimm Dir ein wenig Zeit. Es braucht etwas Übung, doch Du wirst belohnt werden. Mache Dir positive Gedanken und gönne Dir öfters mal etwas Neues. Damit kannst Du Deine Fähigkeiten verbessern und eventuell zeigen sich Dir sogar neue Ansätze, um Deine Probleme zu lösen. Treibe Sport oder betätige Dich anders körperlich. Damit stärkst Du Dein Selbstbewusstsein und baust eventuellen Stress ab. So erledigst Du zwei Dinge gleichzeitig. Lege Dir ein Tagebuch dazu und schreibe Deine Gedanken auf. Denn schreibst Du sie auf, verbannst Du sie in diesem Moment aus Deinem Kopf. Mit dem Schreiben ordnest Du Deine Gedanken. Lasse Deine Eltern nicht komplett außen vor. Frage sie doch mal nach ihrer Jugend und wie sie ihre Pubertät empfanden. Hole Dir Tipps von ihnen. Für Dich kann das nur Vorteile bringen. Vielleicht überraschen Deine Eltern Dich ja auch, was sie Dir so alles über ihre Pubertät erzählen können. Hole Dir Informationen ein. Wenn Du weißt, was mit Dir und in Dir gerade vorgeht, überwältigen Dich nicht so leicht Deine Gefühle. Bereite Dich auf die Zeit der Pubertät vor und gehe mit Selbstbewusstsein an dieses Ereignis heran. Niemand ist genau wie du und das macht dich so besonders.

Was mich mit 12 Jahren alles so nervt

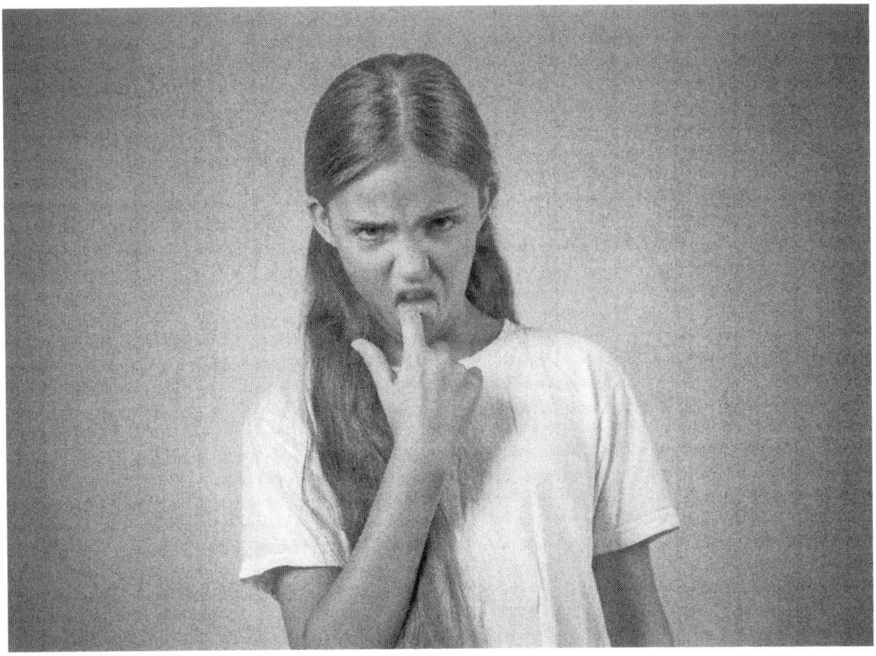

Mein kleiner Bruder oder meine kleine Schwester müssen sich ständig in meinem Zimmer aufhalten, meine Eltern rufen immer wieder nach mir und die Lehrerin in der Schule nörgelt auch ständig an mir herum. Kennst Du diese Situationen auch? Es ist aber auch nervig, wenn man seine Ruhe haben möchte und ständig stürmt jemand ins Zimmer oder man soll beim Tischdecken helfen oder oder oder. Da ist es doch kein Wunder, dass Du Dich zurückziehst, Dich mit Deinen Freunden treffen möchtest oder Dir die Kopfhörer aufsetzt. Ruhe für Dich und das was Du gerade machen möchtest, ein Wunschtraum? Glaube mir, viele 12 jährige Mädchen kennen das ein oder andere Problem, welches Du hast, denn sie leiden selber unter einer solchen Situation. Denke einfach daran, auch Deine Geschwister werden mal älter und werden sich dann in ihr Zimmer zurückziehen. Deine Eltern kannst Du zufriedenstellen, indem Du die gewünschten Arbeiten vorab erledigst und Deine Lehrer lassen Dich auch in Ruhe, wenn Du alle gewünschten Hausaufgaben erledigt hast.

Ist es nicht normal, dass ich mich mit 12 Jahren zurückziehe?

Die Privatsphäre ist bei den Teenagern ein ganz wichtiges Thema. Du wirst merken, dass Du Dich nach und nach mehr zurückziehst und nicht mehr so viel Zeit mit Deinen Eltern verbringen möchtest, wie es noch vor einem Jahr der Fall gewesen war. Du möchtest mehr Freiraum für Dich, in dem Deine Eltern und Deine Geschwister nichts zu suchen haben? Du hast auch ein Recht auf diesen Freiraum. Du erhältst so mehr Verantwortung von Deinen Eltern, denn Sie müssen Dir ein gewisses Maß an Vertrauen entgegenbringen. Du hast keine Depressionen nur, weil Du mehr Zeit alleine in Deinem Zimmer verbringen möchtest. Ziehst Du Dich zurück, bietet Dir das die Möglichkeit der Selbstreflexion. Du kannst Dich spirituell erneuern und hast Zeit, Dich kreativ auszudrücken. Das es Phasen gibt, in denen Du einfach nur in Deinen Gedanken versunken bist, ist ganz normal. Deine Eltern sollten dies respektieren. Es gehört zur Pubertät dazu und ist ganz normal. Doch bedenke, auch für Deine Eltern ist die Situation nicht einfach, wenn Du auf einmal weniger Zeit mit ihnen verbringen möchtest und mehr für Dich alleine bist. Bringe ihnen Verständnis entgegen, so wie Du es Dir von Ihnen wünscht.

Eltern und ihre Regeln, das nervt!

Waren Deine Eltern einst Vorbilder für Dich, beginnen sie, Dich in der Pubertät zu nerven. Auf Fragen, wie es beispielsweise in der Schule war, reagierst Du genervt. Deine Eltern kommen Dir wie eine hängengebliebene Schallplatte vor. Während der Pubertät hast Du besonders viel Stress. Du veränderst Dich körperlich und psychisch und es prasselt viel Neues auf Dich ein. Damit musst Du erst einmal umgehen lernen. Kommt alles auf einmal auf Dich zu, ist es ganz normal, dass Du genervt bist. Deine Eltern sind sicherlich auch mal angespannt und genervt, wenn sie von Dir keinerlei Unterstützung erhalten. Bestimmte Situationen gehören wohl zu jeder Pubertät dazu. Wer kennt nicht den Satz: „Räum endlich Dein Zimmer auf! Du siehst selber, dass in Deinem Zimmer eine extreme Unordnung herrscht.“ Doch durch ständiges neues Kommentieren und immer wieder nachfragen, wird es auch nicht sauber. „Willst Du heute noch aufstehen?“, ist ein weiterer Satz, den sicher jeder Teenie schon einmal gehört hat. Gerade in der Pubertät verändert sich Dein Schlafverhalten. Du schläfst abends später ein, weil Du erst spät müde bist und bist dafür am Morgen dementsprechend kaputt. „Springen alle von der Brücke, springst Du auch“, ist ebenfalls ein Spruch, den Eltern immer wieder gerne sagen. Sicherlich hast Du auch von diesem schon einmal gehört.

Das Du von Deinen Mitschülern und Freunden akzeptiert wirst, ist Dir gerade in der Pubertät extrem wichtig. Demnach möchtest Du natürlich das machen, was auch Deine Freunde machen dürfen, damit Du dazu gehörst. Dinge, die Dir als Kind Spaß gemacht haben, sind Dir plötzlich nur noch lästig. Früher hast Du Dich riesig auf den Besuch mit Kaffee und Kuchen bei Oma und Opa gefreut und heute empfindest Du es eher als Strafe, wenn Du dorthin mitgehen musst. Du bist nun in einem Alter, in dem Du auch im Haushalt mithelfen kannst und einige Dinge, die Dich betreffen, selber erledigen kannst, wie beispielsweise Dein Zimmer aufräumen. Die ständigen Erinnerungen Deiner Eltern, dass Du dieses oder jenes immer noch nicht getan hast, helfen da nicht weiter. Dein Kleidungsstil wird sich verändern. Du kleidest Dich figurbetonter, was ebenfalls zu Konflikten führen kann. Der Satz: „So gehst Du mir nicht aus dem Haus“, ist wohl der Klassiker. Findest Du es schön, wenn Deine Eltern mit Bekannten oder Freunden darüber sprechen wie süß Du als Baby aussahst und was Du alles so angestellt hast? Sicherlich empfindest Du solche Unterhaltungen heute als peinlich und möchtest am liebsten im Boden versinken. Fragen, wie es in der Schule war und ob es etwas Neues gibt, kannst Du nicht mehr hören.

Sämtliche Fragen, die Dir Erwachsene stellen, nerven Dich auf einmal. Du merkst nämlich genau, was Deine Eltern mit der Frage bezwecken. Eigentlich geht es um genauere Fragen, die Du im Moment so gar nicht leiden kannst. Du hast gerade andere Sorgen im Kopf, als Dir Gedanken um die Schule und andere Dinge zu machen. Für Dich stellen sich gerade viel wichtigere Fragen. Was kann ich gegen meine Pickel tun? Was ziehe ich an? Bin ich zu dick? Da ist die Aufforderung zum Zimmer aufräumen das Letzte, was Du gerade hören möchtest und worauf Du so gar keinen Bock hast. Warum auch? Du wohnst schließlich in dem Zimmer und nicht Deine Eltern. Themen, die Dich jetzt interessieren, magst Du mit Deinen Eltern nicht besprechen. Es nervt nicht nur, sondern es ist Dir auch teilweise peinlich. Über Sex, Verhütung und ähnliche Dinge mit den Eltern zu reden? Nein danke. Du hast Deinen ersten Freund und nun möchten Deine Eltern ihn kennenlernen. Das geht ja mal gar nicht. Auch die Themen Alkohol und Zigaretten möchtest Du gerade gar nicht besprechen. Du denkst Dir vielleicht, dass dies die anderen doch auch machen. Was auch total nervig ist, sind Fragen Deiner Eltern hinsichtlich Deiner Zukunft und Deiner Karriere. Die Schule ist ja schon ätzend, da befasst Du Dich doch nicht auch noch mit Deiner beruflichen Zukunft. Niemand weiß, was er eigentlich kann, bevor er es nicht versucht hat.

Warum hört mir keiner zu?

Du wirst öfters das Gefühl haben, dass Dich keiner versteht. Du machst gerade eine große Veränderung durch und das ist auch für Deine Eltern nicht leicht. Sie verstehen Dich genauso wenig. Für sie bist Du plötzlich wie ein Wesen von einem anderen Stern. Du siehst viele Dinge auf einmal anders, stellst Dinge in frage, die Dich früher nicht wirklich interessiert haben. Dazu gehören auch Dinge, die Dir Deine Eltern gesagt oder im Laufe der Jahre vermittelt haben. Eure Ansichten sind plötzlich grundverschieden. Du erkennst Deine Eltern nicht wieder und sie Dich nicht. Es läuft darauf hinaus, dass Du Dich unverstanden fühlst und Deinen Eltern daher auch nichts mehr erzählen magst. Du denkst vielleicht, dass sie doch mit dem Verständnis anfangen sollen. Deine Eltern können das aber auch von Dir denken. Versuche doch einmal, wenn einer den anderen wieder mal nicht versteht, Dich in Deine Eltern hineinzuversetzen, soweit dies möglich ist. Sie tragen für Dich die Verantwortung. Sie können Ärger bekommen, wenn Du etwas anstellst und sie wissen oft auch nicht, wie sie mit Dir umgehen sollen. Frage die doch einfach in einer solchen Situation, warum sie so reagieren oder stelle selber eine Vermutung an. In der Pubertät sind die Umstände, die Dich begleiten, nicht wirklich optimal. Im Gegenteil, bei Dir kommt das Gefühl einer Katastrophe nahe. Was Leben und Lernen betrifft, ist Dein Leben in dieser Zeit sehr abwechslungsreich. Das führt bei Dir und Deinen Eltern zu Unverständnis. Versuche Deine Eltern zu verstehen, wenn sie ungeduldig sind oder Dir Vorwürfe machen. Verlange dieses Verständnis aber auch von ihnen. Gerade in der Pubertät prallen zwei unterschiedliche Sichtweisen aufeinander. Die Deiner Eltern und Deine. Du bist gerade dabei Deine eigene Meinung zu haben und diese auch zu vertreten und selbstständiger zu werden.

Regeln, Regeln und nochmal Regeln. Das mag ich gar nicht

In der Pubertät hast Du eine andere Sichtweise auf Grenzen und Regeln. Sie bedeuten für Dich Ermahnung und Strafe. Du hast das Gefühl, Deine Eltern wollen Dich bevormunden, ihre Macht zeigen. So sind diese Begriffe für Dich negativ. Verbindest Du allerdings diese mit Halt, Orientierung und Auseinandersetzung, siehst Du sie in einem positiven Sinne. Du möchtest gerne wissen, woran Du bist, was Du kannst und wie Du Dich sozial korrekt verhältst. Dazu braucht es aber gewisse Grenzen, die Deine Eltern festlegen, damit Du Dich an etwas orientieren kannst. Streit, Zorn und Wut sind unvermeidbar und sollten auch sein. Ihr müsst Euch aneinander reiben, das gehört einfach zum erwachsen werden dazu. Deine Eltern müssen damit klarkommen, dass Du sie hin und wieder auch mal anbrüllst, auch wenn ihnen das nicht passt. Diese Auseinandersetzungen sind wichtig, damit Du Deine Konfliktfähigkeit trainieren kannst, lernst Deine Meinung zu vertreten und kompromissbereiter wirst.

Ein paar Regeln gehören aber dazu. Klare Absprachen sollten Deine Eltern und Du treffen, damit Ihr gut miteinander auskommt. Klärt gemeinsam ab, welche Folgen ein Regelverstoß haben wird und achtet darauf, dass es möglichst niemals zu einem solchen kommen wird. Das Ausgehen wird mit eines der Topthemen werden. Die Zeit der Partys kommt, mehr Zeit bei Freunden verbringen. Die Abende mit anderen Menschen verbringen anstatt mit den Eltern oder alleine daheim. Die Anderen dürfen bis zu einer bestimmten Uhrzeit wegbleiben? Dann soll das, wenn es nach Dir geht, natürlich auch für Dich gelten. Darüber haben aber immer noch Deine Eltern zu entscheiden, aber wenn Du ihnen entgegenkommst, wird es sicherlich auch mal eine Ausnahme geben. Handelt es sich um den Aufenthalt in öffentlichen Gebäuden, dann gibt es diesbezüglich sogar ein Gesetz, das das Ausbleiben regelt. Vergesse nie, dass Deine Eltern Dich nicht nerven wollen. Sie meinen es nur gut mit Dir und machen sich, wie es bis zum Zeitpunkt der Pubertät war, Sorgen um Dich. Das wird sich auch nie ändern, auch nicht, wenn Du erwachsen bist, da kannst Du 20, 30 oder 50 Jahre alt sein. Für Deine Eltern wirst Du immer das Kind bleiben, um das sie sich sorgen. Das ist doch auch eine schöne Vorstellung oder wäre es Dir lieber, Du wärst Deinen Eltern egal. Spätestens, wenn Du selber ein Kind oder mehrere hast, wirst Du merken, was damit gemeint ist.

Du bist Deinen Eltern wichtig. Du entwickelst Dich allmählich zu einem Menschen, der selbstständig für sich und sein Leben verantwortlich sein wird. Natürlich nach und nach. Sie wollen Dich darauf vorbereiten, später einmal Dein Leben alleine meistern zu können, und dass Du gut leben kannst. Das heißt, ohne finanzielle

Sorgen, mit einem intakten sozialen Umfeld. Einem Leben, indem es Dir an nichts fehlt und mit dem Du Dich wohlfühlst. Dieser Ernst des Lebens ist Dir in dem jetzigen Alter aber sowas von egal. Kommst Du in die Pubertät gilt es, neue Regeln aufzustellen, denn die Regeln, die bisher galten, sind einfach überholt. Du veränderst Dich auch psychisch und das bringt weitere Schwierigkeiten mit sich. Du denkst und fühlst anders, als zu der Zeit, als Du noch ein Kind warst. Doch nicht alles verändert sich. Nur weil Schule auf einmal ätzend ist und das Zimmer wie ein Saustall aussieht und sich Deine Interessen komplett ändern, heißt das ja nicht, dass Du Dich nicht intensiv mit etwas Positivem beschäftigst. Du kümmerst Dich besonders um den Familienhund? Dann sollten Deine Eltern Dir ein dickes Lob aussprechen und Dir zeigen, wie positiv sie von Dir überrascht sind. Gerade in der Pubertät ist Anerkennung extrem wichtig für Dich, doch diese musst Du Dir erst erarbeiten. Werden dir Steine in den Weg gelegt, baue etwas Schönes aus ihnen.

Ich bin jetzt groß und man kann mir vertrauen

Vertrauen ist ein großes Wort, welches man erst richtig verstehen lernen muss. Vertrauen sollte man stets seinen Eltern gegenüber haben, denn Du erwartest dies auch von ihnen. Wissen Deine Eltern, dass Du sie nicht anlügst, dass Du immer zu dem stehst, was Du erzählst und können sich Deiner immer sicher sein, dann schenken sie auch Dir ihr Vertrauen. Denke daran, dass Eltern manchmal auch überprüfen, ob sie richtig gehandelt haben, wenn sie Dir ihr Vertrauen entgegenbringen. Sie starten Kontrollen und werden sie dann von Dir enttäuscht, kann das Folgen für viele Jahre haben. Es ist ausgesprochen schwer, wenn dieses Vertrauen einmal verschwunden ist, es wiederzubekommen. Dahinter steckt sehr viel Arbeit und die möchtest Du gerade mit 12 Jahren sicherlich nicht haben.

Ich brauche mehr Taschengeld

Taschengeld ist wichtig, um Kindern zu vermitteln, wie sie mit ihrem eigenen Geld umgehen müssen. Mit Eintritt des 12. Lebensjahres werden Dinge wichtig, die bisher keine Rolle spielten und diese können dann auch ein mehr an Kosten bedeuten. Wie hoch das Taschengeld in welchem Alter sein muss, ist nicht gesetzlich geregelt. Es hängt unter anderem auch vom Einkommen Deiner Eltern ab. Du bist nun in einem Alter, indem Du Deinen Platz in der Gesellschaft suchst. Du vergleichst Dich mehr mit anderen Gleichaltrigen. Trends sind auf einmal ein Bestandteil Deines Lebens. Es gibt sogenannte Taschengeldrichtlinien, die zeigen, welche Summe in welchem Alter angemessen ist. Deine Eltern sollten sich schon an diese Richtlinien halten. Setze Dich gemeinsam mit ihnen hin und diskutiert ruhig darüber. Jeder darf seine Argumente für mehr oder gleichbleibendes Taschengeld äußern. Du musst lernen, mit dem Geld, was Du bekommst, auszukommen und die Dinge, die Du Dir leisten möchtest, damit bezahlen zu können und damit für den Monat auszukommen. Möchtest Du mehr Taschengeld bekommen, aber der Richtlinie entsprechend, dann versuche Dir etwas dazuzuverdienen. Übernimm Arbeiten im Haushalt, wie beispielsweise Rasenmähen, Babysitten, Hundesitten oder den Klassiker: Zeitungen austragen.

Bis wie viel Uhr darf ich mich vom Gesetz her mit meinen Freunden treffen?

Das Jugendschutzgesetz regelt, wie lange Du Dich am Abend außerhalb der Wohnung mit Deinen Freunden treffen darfst. Dies gilt nicht für private Partys oder Treffen mit Deinen Freunden bei Dir zu Hause oder bei anderen zu Hause. Die Zeiten sollten dennoch Deinem Alter entsprechend sein. Für Mädchen und Jungen im Alter von 12 bis 13 Jahren bedeutet dies 21 Uhr. Besprich Dich mit Deinen Eltern. Diese Uhrzeit ist nicht in Stein gemeißelt, entspricht aber Deinem Alter. Natürlich können auch mal Ausnahmen von der Regel Deiner Eltern gemacht werden. Sie sollten Dir aber deutlich machen, dass es sich auch wirklich um eine Ausnahme handelt und die längere Ausgehzeit nicht die Regel bedeutet. In der Woche sollte das Ausgehen in Grenzen gehalten werden, gerade dann, wenn Du am nächsten Tag Schule hast. In den Ferien oder am Wochenende, da kannst Du mit Deinen Eltern ja eine andere Regelung treffen. Viele Eltern sind einer längeren Ausgehzeit zugänglich, wenn es in der Schule keine Probleme gibt, sie ihrem Kind vertrauen können und wenn sie wissen, wo sich ihre Tochter während dieser Zeit aufhält. Denke einmal darüber nach, ein bisschen offener zu sein, Dich mehr mit Deinen Eltern auszutauschen. Du wirst merken, sie sind eventuell gar nicht so uncool, wie Du gerade denkst. Alles ist am Anfang schwierig, bevor es leicht wird.

Ich glaube, ich bin verliebt – Wie ist die Sache mit den Jungs zu verstehen?

Jungs können echt cool sein, aber auch total ätzend. Wie Du sicher schon bemerkt hast, gibt es die angesagten, und somit total beliebten, Jungs und die sogenannten Nerds, die eigentlich nur die Schule im Kopf haben. Es gibt aber auch noch eine andere Gruppe und zwar die Normalos. Bei der letzteren Gruppe handelt es sich wohl um die Jungs, die ihren eigenen Weg gehen, eventuell ein bisschen schüchtern sind, sich aber nichts aus den anderen Gruppen machen. In welche Gruppe Du gehörst oder welcher Junge Dich gerade besonders anspricht, musst Du wissen. Es spielt auch eigentlich gar keine große Rolle, welcher Junge dich fasziniert hat, wenn er Dir gefällt. Du bemerkst einfach, dass Du in seiner Nähe nervös bist und würdest am liebsten wegrennen. Auf der anderen Seite möchtest Du immer in seiner Nähe sein. Du triffst Dich am Nachmittag mit Deinen Freundinnen genau da, wo Du diesen einen Jungen vermutest. Bist Du alleine, denkst Du permanent an ihn und achtest extrem darauf, dass Du gerade in seiner Nähe gut aussiehst. Trifft dies alles auf Dich zu, solltest Du Dir eingestehen, dass Du verliebt bist.

Er ist so toll. Wie schaffe ich es, das er mich bemerkt?

Du brauchst kein besonderes Outfit oder Dich anmalen wie ein Papagei, damit ein Junge auf Dich aufmerksam wird. Unterstreiche Deinen Typ. Hebe das hervor, was Dir selbst an Dir gefällt und lasse das, was Dir an Dir nicht so gut gefällt, in den Hintergrund treten. Probleme mit der Figur, den Haaren oder andere Dinge an Dir, haben die anderen Mädchen auch. Akzeptiere Dich selbst und Dein Aussehen. So wie Du bist, bist Du etwas Besonderes und einzigartig. Sei nett zu Dir und akzeptiere Dich. So verbesserst Du Deine Laune und Menschen, mit guter Laune, ziehen automatisch die Aufmerksamkeit auf sich.

Dir selbst treu zu bleiben, ist immer wichtig, auch dann, wenn Du einen anderen Menschen für Dich begeistern möchtest. Lenkst Du die Aufmerksamkeit eines Anderen auf Dich, solltest Du Du selbst sein und keine fremde Person verkörpern wollen. Ziehe keine High Heels an, wenn Du eher der Turnschuh Typ bist. Sei authentisch, auch was die Kleidung betrifft. Aussehen ist nicht alles. Die inneren Werte zählen. Zeige, was in Dir steckt. Hat Dein Schwarm ein besonderes Hobby, dann erkundige Dich über dieses, sodass Du mit ihm darüber reden kannst. Ähnliche Interessen sind wichtig, wenn es um den Schwarm geht. Auch, wenn Du schüchtern bist, versuche aus Dir herauszukommen. Bist Du unsichtbar und unhörbar? Wie soll Dein Schwarm Dich dann bemerken? Zeige Dich und achte darauf, in seiner Nähe zu sein. Versuche Blickkontakt aufzunehmen. Kommt er auf Dich zu und spricht Dich an, falle nicht gleich in Ohnmacht. Denke Dir etwas aus, warum Du zu ihm herüber geschaut hast. Du kannst natürlich auch den direkten Weg einschlagen und ihn ansprechen. Versuche ein belangloses Gespräch anzufangen. Frage ihn zum Beispiel, ob er Mathe verstanden hat. Sage ihm, dass Du in Mathe Schwierigkeiten hast und bitte ihn darum, Dir zu helfen.

Deine Körperhaltung zeigt zudem dem Anderen, ob Du selbstbewusst bist oder nicht. Stelle Dich gerade hin, den Bauch rein und die Brust raus, aber mache dabei keine komischen Verrenkungen, sodass Du Angst haben musst gleich umzukippen. Schaue keinesfalls nach unten. Dein Gehirn ist so programmiert, dass wenn Du nach unten schaust, es Dir automatisch schlecht geht. Ist Dir beispielsweise etwas peinlich, fühlst Du Dich allein oder bist traurig? Egal in welcher Situation Du Dich gerade befindest, richte Deinen Blick nach vorn. Schnell bemerkst Du, wie Du Dich stärker und sicherer fühlst. Du kannst eine solche Haltung auch sehr gut zuhause vor dem Spiegel üben. Hier sieht Dich auch niemand.

Das Bauchgefühl kann manchmal ganz schön anstrengend sein. Tue, sage und mache das, was Du möchtest, ohne darüber nachzudenken, wie andere darüber denken könnten. Verbiegst Du Dich für andere, ärgerst Du Dich nur nachher, weil Du eine gute Gelegenheit verpasst hast. Das macht Dich unzufrieden. Was Deine Intuition Dir sagt, ist schon eine gute Richtung für Dich, was Dir gut tut und was Dich eher runter ziehen würde. Vertraust Du auf Dein Bauchgefühl, geht es Dir automatisch besser. Bist Du Du selbst, hinterlässt Du auch bei anderen einen bleibenden Eindruck.

Die eigene Meinung solltest Du stets vertreten. Nette und freundliche Menschen kommen bei anderen immer gut an. Das soll aber nicht heißen, dass Du bei allem mit „Ja und Amen“ reagieren sollst, aus Angst sonst unbeliebt zu sein. Können andere alles mit Dir machen, geht Deine Persönlichkeit verloren und der Respekt Dir gegenüber ebenso. Du möchtest doch als starke Persönlichkeit rüber kommen. Es ist schon was an dem Spruch dran: „Wie es in den Wald hineinruft, so kommt es heraus.“ Sei einfach nett, freundlich, aber bestimmt.

Dich selbst zu akzeptieren ist ausgesprochen wichtig und das nicht nur, wenn Du einen bestimmten Jungen für Dich gewinnen möchtest. Freue Dich darüber, wie Du aussiehst. Klar gibt es auch Tage an denen Du Dich im Spiegel betrachtest und Mängel bei Dir feststellst. Der Bauch ist zu dick, die Oberschenkel auch und die Haare sehen aus wie Stroh. Dann sage Dir direkt, das einfach niemand perfekt ist. So wie Du bist,

bist Du goldrichtig. Gerade die unperfekten Dinge an Dir verleihen Dir Deine Einzigartigkeit. Blickst Du Dich das nächste Mal im Spiegel an, erfreue Dich an Deinen schönen Seiten. So wie Du Dich wahrnimmst, nehmen Dich auch die anderen Menschen wahr. Bist Du mit Dir selbst zufrieden, dann strahlst Du das anderen gegenüber auch aus. Genau das wirkt auch auf Jungs anziehend.

Deine Unabhängigkeit ist ein weiterer Punkt, an dem Du unbedingt arbeiten solltest. Mache, was Du willst und denke dabei nicht daran, was andere dazu sagen würden. Das heißt jetzt nicht, dass Du zur Egoistin mutieren, und keine Rücksicht mehr nehmen, solltest. Es geht aber als allererstes erst einmal um Dich selbst, denn in Deinem Leben bist Du die Hauptperson. Habe Deinen eigenen Kopf und setze Deine Vorhaben um. Das finden Jungs attraktiv. Außerdem fühlst Du Dich selbst auch besser, wenn Du Deinen eigenen Interessen nachgehst, anstatt ständig bemüht zu sein, anderen zu gefallen.

Es kann jedoch nie verkehrt sein, wenn Du Ihm zuhörst. Warte, bis Dein Schwarm von sich selbst erzählt und zeige ihm, dass Du Dich für ihn interessierst. Du möchtest schließlich nicht als neurotische Tussi gelten, die immer nur ein Thema hat, sich selbst. Magst Du ihn, dann interessiert Dich normalerweise ohnehin alles, was mit ihm zu tun hat. Höre zu, was er erzählt. Frage nach, zeige ihm, dass Du ihn, sowie auch seine Interessen, ernst nimmst und sie für Dich spannend sind. Schenke ihm noch einen Hauch von Bewunderung für das, was er getan hat, dann fühlt er sich bei Dir pudelwohl und Du hast ihn schon zur Hälfte für Dich gewonnen. Du musst jedoch aufpassen, dass er Dich letztendlich nicht als beste Freundin sieht, sondern sich mehr vorstellen kann.

Habe Geduld, dann klappt es auch mit dem Jungen, der Dich so begeistert hat. Hast Du ihn Dir schon geangelt? Dann lasst Euch trotzdem Zeit. Möchtest Du noch keine Intimitäten austauschen, dann sage ihm das. Er sollte es respektieren. Es ist doch sowieso schöner, erst einen Schritt weiterzugehen, wenn ihr euch besser kennengelernt habt und Ihr gegenseitiges Vertrauen aufgebaut habt.

Zeige ihm, dass Du Grips hast, dass es Dinge gibt, die Du besonders gut kannst. Intelligenz macht sexy. Stelle Dein Licht nicht unter den Scheffel und signalisiere ihm, dass Du mehr drauf hast als mit den Wimpern zu klimpern. Jungs finden Mädchen attraktiv, die Grips haben und sich nicht nur für Schminke, Klamotten und Partys interessieren. Gib ihm zu verstehen, dass es Dinge gibt, für die nur Du Dich interessierst. Für ihn wirst Du so nur noch interessanter. Du solltest jedoch beim Erzählen darauf achten, dass Du nicht wie ein Wasserfall redest. Das wird ihn eher abtörnen als ansprechen.

Gemeinsam Spaß haben sollte Dein Ziel sein. Jungs mögen Mädchen, die unkompliziert sind und mit denen sie Pferde stehlen können. Zeige ihm, dass Du auch über Dich selbst lachen kannst. Unternehmt öfter mal etwas gemeinsam. Gemütlich auf der Couch einen Film schauen macht zwar auch Spaß, doch immer mal wieder etwas Action zwischendurch ist auch nicht verkehrt. Die überwiegende Zahl der Jungs freut sich, wenn sie mit dem Mädchen etwas Sportliches unternehmen können. Zudem mögen sie es auch, wenn Du mit seinen Freunden gut auskommst. Erlebt ihr etwas gemeinsam, schweißt Euch das zusammen.

Richtig flirten will gelernt sein. Nimm immer wieder Augenkontakt zu ihm auf und halte diesen. So zeigst Du, dass Du selbstbewusst bist. Mit einem offenen Blick und einem netten Lächeln hast Du ihn schon zur Hälfte erobert und hast bei ihm einen bleibenden Eindruck hinterlassen. Achte auch auf seine Signale, die er an Dich sendet. Hat er sich zu Dir gewandt, lächelt Dich freundlich an und hört mit großer Aufmerksamkeit zu, was Du zu sagen hast? Dann ist er an Dir interessiert. Sehe das Flirten erst mal als ein Spiel an. Denke nicht direkt, wenn Du ihn kennengelernt hast schon daran, wie Ihr später eure Kinder nennen werdet.

Immer locker bleiben sollte Dein Motto sein. Denke aber daran, Du solltest nicht Dein ganzes Leben danach ausrichten, bei den Jungs, oder einem bestimmten Jungen, sehr gut anzukommen. Die Jungs merken das schnell und Du willst doch nicht, dass sie denken, Du bist so verzweifelt auf der Suche, dass Du jeden Jungen als Freund nehmen würdest. Zudem wirst Du so unzufrieden werden, wenn Du Dich ständig so verhältst, wie es andere von Dir erwarten. Es ist enorm wichtig, dass Du Dich selbst magst und mit Dir selbst im Reinen bist. Manchmal musst du nur 20 Sekunden unglaublich mutig sein, um etwas zu erreichen.

Kann ich mit 12 Jahren schon einen Freund haben?

Schon im Grundschulalter kannst Du für einen bestimmten Jungen eine große Zuneigung empfinden oder zu einem Mädchen. Doch hier handelt es sich eher um Freundschaft, Liebe entwickelt sich erst viel später. Sexualität spielt bei dieser Art von Zuneigung noch keine Rolle. Fängt die Pubertät an, dann fängt auch das Gefühlschaos an. Es kommt in Deinem Körper zur Hormonumstellung, wodurch das andere Geschlecht plötzlich für Dich sehr interessant wird. Den richtigen Zeitpunkt gibt es nicht, wenn es ums Verliebtsein geht. Viele Faktoren haben auf die Liebe einen Einfluss. Geht ein Mädchen mit einem Jungen, heißt das ja nicht automatisch, dass es schon zu sexuellen Kontakten kommt. Die Gefühle von Kleinkindern sind ganz anders als die von pubertierenden Kindern. Du kannst natürlich mit 12 Jahren einen Freund haben, jedoch sollte dieser auch etwa in Deinem Alter sein, denn Du lernst die Liebe zu einem Jungen ja erst kennen.

Worauf sollte ich achten, damit er der Richtige für mich ist?

Es gibt einige Anzeichen, die Dir zeigen, dass er der Richtige für Dich ist. Dass Du Du selbst sein kannst, gehört sicherlich zu den wichtigsten

Dingen, die ein Junge mitbringen sollte. Bist Du mit ihm zusammen, fühlst Du, dass Du Dich in seiner Nähe nicht anders geben musst, als Du bist. Du kannst Du selbst sein, ganz natürlich und authentisch. Dir fällt auf, dass Deine Schwächen, Macken und Eigenheiten ihn nicht stören. Er geht ganz souverän mit ihnen um und mag sie vielleicht sogar ganz gerne.

Gleiche Interessen sind ausgesprochen Vorteilhaft, denn so könnt Ihr viel zusammen unternehmen. Es heißt zwar, dass sich Gegensätze anziehen, doch ein paar Gemeinsamkeiten solltet ihr schon haben. Habt Ihr gleiche Interessen bei den Hobbys und Freizeitaktivitäten und ähnliche Ansichten, dann schweißt Euch das zusammen. Seid ihr auf der gleichen Wellenlänge, ist die Chance groß, dass Dein Auserwählter der Richtige für Dich ist.

Blindes Vertrauen solltest Du in keine Person haben, aber es sollte genau diesem nahekommen. Sein Vertrauen hast Du bereits und Du weißt, Du kannst offen und ehrlich mit ihm reden. Eifersüchtig ist keiner von Euch. Unternimmt er was mit seinen Freunden ohne Dich, weißt Du, dass er auch wirklich mit seinen Freunden unterwegs ist. Sich sicher zu fühlen, wenn Du mit ihm zusammen bist, ist ebenfalls eine gute Voraussetzung für eine Beziehung. Er zeigt Dir, dass er loyal ist und zeigt Dir gegenüber seine Zugehörigkeit. Bist Du bei ihm, fühlst Du Dich geborgen und sicher. Das erste Mal spürst Du, dass Du angekommen bist.

Ihr kommuniziert fair und ausgewogen miteinander. Gibt es Diskussionen, ist Euer Umgang miteinander respektvoll und wertschätzend. Jeder gesteht dem Anderen seine eigene Meinung zu und jeder ist bereit, Kompromisse einzugehen. Schon während Ihr Euch kennenlernt, könnt Ihr herausfinden, ob Ihr zueinander passt. Beobachtet er Dich aufmerksam, ist wissbegierig und möchte alles über Dich wissen, dann hat er echtes Interesse. Merkt er sich vieles, was Du ihm über Dich erzählst und überrascht Dich immer mal wieder mit Kleinigkeiten und Details, seid Ihr auf einem guten Weg. Hört er Dir zu und zeigt, dass er wirklich an Dir interessiert ist, kannst Du beruhigt sein, den Richtigen gefunden zu haben.

Kompromissbereitschaft ist ein besonders wichtiger Punkt, nicht nur in einer Freundschaft, sondern auch in einer Partnerschaft. Kompromisse eingehen gehört in einer Beziehung dazu. Bemerkst Du diese Eigenschaft bereits zu Anfang, könnte er der Richtige sein. Dies könnte beispielsweise sein, wenn er sich deinetwegen einen Kinofilm anschaut, den er eigentlich gar nicht mag oder geht mit Dir Schlittschuhlaufen, auch wenn er dafür den Abend mit seinen Freunden verschieben muss. Du stehst bei ihm an erster Stelle. Du solltest jedoch auch Kompromisse eingehen und auch mal Dinge machen, die ihm ausgesprochen wichtig sind, auch dann, wenn Du da so gar kein Interesse für hast.

Darf mein Freund bereits volljährig sein?

Sind Du und Dein Freund noch minderjährig, gibt es eine rechtliche Seite, die es zu beachten gilt. Dabei geht es nicht um die Beziehung selbst, sondern um den Sex. Du darfst vom Recht her ab 13 Jahren Sex haben. Dein Partner darf jedoch nicht mehr als drei Jahre älter sein als Du, ansonsten macht er sich strafbar. Hast Du das 14. Lebensjahr erreicht, gilt die Regel nicht mehr. Aber seien wir doch mal ganz ehrlich: Erwachsene Jungs sind sicherlich interessant, aber was willst Du mit ihnen? Sie haben ganz andere Interessen als Du. Ihre Freunde passen nicht gerade zu den Deinen und Stress und Ärger mit den Eltern hast Du dann auch an der Backe. Besser ist es also, die Finger von volljährigen Jungs weg zu lassen.

Darf ich auch ein Mädchen lieben?

Lesbisch zu sein, somit ein Mädchen zu lieben, ist nichts Unnormales. Es kann sein, dass Du schon mit 12 Jahren spürst, dass Du Frauen liebst. Egal um welche sexuelle Orientierung es sich handelt, es ist okay. Du beginnst gerade Deine Suche, in welche sexuelle Richtung Du einmal gehen möchtest. Ob Du nun einen Jungen liebst oder ein Mädchen, spielt keine Rolle. Denke nur daran, dass erst ab 13 Jahren Sex vom Gesetz her erlaubt ist, vorher nicht. Solltest Du Dich mit 12 Jahren zu einem Mädchen besonders hingezogen fühlen, dann ist das so. Eventuell änderst Du Deine Meinung in der Pubertät noch und verliebst Dich in einen Jungen. Es kann auch sein, dass Du Dich zu beiden Geschlechtern hingezogen fühlst, auch das ist absolut ok. Bist Du diesbezüglich unsicher, was auch verständlich ist, solltest Du Dir eine Person suchen, der Du Dein ganzes Vertrauen entgegenbringst und mit ihr darüber sprechen.

Aufklärung Sexualität – Was sollte ich darüber wissen?

Sex oder Sexualität sind wichtige Faktoren, die Du irgendwann auch einmal kennenlernen wirst. Das muss jedoch noch nicht mit 12 Jahren der Fall sein. Im Prinzip geht es darum, dass sich zwei Menschen, die sich lieben, näherkommen. Hierbei kann es sich um einen Jungen, aber auch gleichgeschlechtliche Personen handeln. Man küsst und streichelt sich und irgendwann möchte man von der anderen Person auch mehr. Es ist jedoch ausgesprochen wichtig, dass Du Sex nur praktizierst, wenn Du ein Kondom zur Hand hast. Dieses dient nicht nur dazu, dass Du nicht schwanger werden kannst, sondern auch Geschlechtskrankheiten können nicht übertragen werden. Denke also daran, Sex niemals ohne Gummi.

Was ist eigentlich Sexualität?

Sexus ist der lateinische Begriff für das Wort Geschlecht. „Sexualitis" bedeutet demnach übersetzt „Geschlechtlich sein". Sexualität umfasst alle Empfindungen, Lebensäußerungen und Verhaltensweisen, die sich auf die geschlechtliche Begegnung und die geschlechtliche Fortpflanzung beziehen. Die sexuelle Entwicklung wird von inneren und äußeren Faktoren beeinflusst. Es gibt verschiedene sexuelle Orientierungen. Menschen haben, was den Sex betrifft, unterschiedliche Neigungen. Während sich die Sexualität entwickelt, sind biologische Faktoren beteiligt, die Einfluss auf das Geschlecht haben. Hinzu kommen psychologische Faktoren, die eine Rolle spielen. Auch die Religion, Herkunft, Erziehung sowie weitere Umweltbedingungen beeinflussen die Sexualität. Ist die Sexualität befriedigend und wird so gelebt, wie die Person es sich wünscht, verleiht sie eine positive Energie. Es werden Glückshormone ausgeschüttet und das allgemeine Wohlbefinden gesteigert. Zudem stabilisiert Sex die Bindung zueinander. Wie jemand körperliche Nähe und Liebe empfindet, ist abhängig von vielfältigen Faktoren.

Wie geht das mit dem Küssen und so?

Die großen Gefühle gelangen über die Lippen direkt zu Deinem Herzen. Mit dem Kuss wird unter anderem die Liebe ausgedrückt. Beim Kuss handelt es sich um die älteste Lust, die es auf der Welt gibt. Küssen ist auch noch gesund. Mit einem einzigen Kuss bewegst Du mehr als 10 Deiner Gesichtsmuskeln. Dein Puls steigt auf bis zu 150 Schläge in der Minute. Dein Blutdruck steigt um das Doppelte an. Mit einem einzigen Bussi verbrauchst Du etwa 12 Kalorien in der Minute.

Das Küssen und die Gesundheit haben viel miteinander zu tun, was jedoch nicht bedeutet, dass Du jede Sekunden an den Hals Deines Freundes springen solltest, nur damit Du wieder in Deine Lieblingsjeans passt. Ist der Kuss leidenschaftlich, hat er direkt die doppelte Power. Der Druck, den Du mit Deinen Lippen ausüben kannst, beträgt bis zu 15 Gramm. Die Produktion Deiner Hormone läuft auf einmal auf Hochtouren und eine Menge an Glücks- und Liebeshormonen werden ausgeschüttet. Stresshormone werden währenddessen weniger produziert. Danach bist Du fit und weniger anfällig für Stress. Es heißt sogar: Du schläfst nach einem Kuss besser.

Schlechte Küsse gibt es natürlich auch, denn Kuss ist nicht gleich Kuss. Es gibt gute Küsse und schlechte. Manche schmecken überhaupt nicht. Nicht sehr schön sind auch Küsse mit einer zu ungestümen Zunge. Zu zaghaft ist auch nicht das Tollste. Ein Feuer entwickelt sich dabei nicht. Zudem gibt es Küsse, die im Grunde genommen gar nicht schlecht sind, bei denen aber der Funke einfach nicht überspringen will. Es gibt zudem auch Jungen, aber auch teilweise Mädchen, die beim Küssen sabbern, wer mag das schon?

Küssen wie die Stars im Kino, das ist lediglich ein Wunschtraum, denn so funktioniert das mit dem Küssen wirklich nur im Fernsehen oder Kino. Richtig küssen ist gar nicht mal so einfach. Filmküsse sehen auf der Leinwand super aus, sind aber eines auf keinen Fall, echt. Die Perfektion macht den Kuss kaputt. Hier solltest Du mal genau darauf achten, wenn sich Deine Lieblingsstars küssen. Denn die Lippen sind niemals richtig aufeinander, sondern eher schräg gehalten, was den Filmkuss zwar perfekt macht, aber ganz ohne Gefühl vonstatten geht. Im echten Leben brauchst Du nicht auf filmreife Superküsse zu warten. Es gibt sie nämlich nicht. Ein Muster gibt es beim Küssen nicht. Es lässt sich nicht lernen. Man küsst einfach. Lieben sich zwei Menschen, funktioniert der Kuss von ganz allein. Du spürst nicht nur die einzelnen Schläge der Zunge, sondern auch, wie Dein Herz schlägt. Dazu brauchst Du nichts anderes als die Schmetterlinge im Bauch und ein bisschen Zeit, um Küssen zu üben.

Ein paar Tipps zum Küssen können hier nicht verkehrt sein, aber letztendlich solltest Du immer auf Dein Bauchgefühl hören. Schließe Deine Augen. Du solltest mit Deinem Herzen sehen. Steigere Dich langsam. Du kannst Leidenschaft nicht auf Knopfdruck erzeugen.

Leidenschaft braucht seine Zeit, damit sie wachsen kann. Was für die Leidenschaft gilt, gilt auch für das Küssen. Fange langsam und zart an und überfalle Deinen Partner nicht direkt, denn dann habt ihr auch mehr Zeit den Kuss so richtig zu genießen. Küsst Du, küsst Du mit Deinem ganzen Körper. Du bewegst nicht nur Deine Lippen. Berührt ihr Euch beim Küssen mit den Händen und schmiegt Eure Körper aneinander, ist die Intimität perfekt. Achte auf eine gute Mundhygiene. Diese sollte selbstverständlich sein. Zudem sollte der Mundraum gepflegt sein. Neben einem frischen Atem sind auch gepflegte Lippen wichtig. Umso weicher die Lippen, desto besser ist das Feeling. Pflege Deine Lippen regelmäßig. Du kannst das Küssen vorab auch auf Deinem Handrücken üben. Was passiert, wenn Du fester küsst und was, wenn Du eher sanfter vorgehst?

Was ist Petting?

Petting ist eine Alternative zum Sex. Geeignet ist er zum Einstieg oder für Paare, die noch unerfahren sind, aber auch für Pärchen, welche bereits Erfahrung haben und es mögen, sich gegenseitig zu berühren. Beim Petting handelt es sich um Geschlechtsverkehr, ohne dass es zu einer Penetration kommt. Beim Petting geht es hauptsächlich darum, sich gegenseitig sanft mit den Händen zu berühren und das am ganzen Körper. Der Intimbereich gehört dazu, jedoch dringt der Junge nicht in Dich ein. Es geht darum, sich zärtlich zu liebkosen. Ein Orgasmus ist beim Petting nicht ausgeschlossen. Das Wort kommt aus dem Englischen und „to pet" bedeutet übersetzt „streicheln" oder „liebkosen". Es ist auch sehr gut für das Vorspiel vor dem Sex geeignet. Es wird nur mit den Fingern gespielt. Die Genitalien berühren sich dabei nicht.

Was gehört eigentlich genau zum Petting? Diese Frage stellen sich viele Mädchen in Deinem Alter, aber auch Junges wissen dies oftmals nicht. Sie mögen es nur nicht so gerne zugeben. Du und Dein Partner streichelt Euch sehr liebevoll. Das kann abwechselnd oder gleichzeitig sein. Du gibst Dich Deinem Partner dabei ganz hin und berührst ihn mit Deinen Lippen, Fingern und Deiner Zunge. Du darfst den ganzen Körper streicheln und liebkosen, auch den Intimbereich. Petting hat mehr mit Erregung zu tun und der Steigerung der Lust aufeinander. Ihr fasst Euch gegenseitig an und küsst Euch, habt aber keinen Geschlechtsverkehr. Alles ist erlaubt, was Dir und Deinem Partner Spaß macht und Euch beiden gefällt. Ihr könnt Petting vor dem Sex praktizieren als Vorspiel oder dabei bleiben ohne anschließend Sex zu haben. Ihr könnt Euch auch so gegenseitig zum Orgasmus bringen. Mit langweiligem Streichelsex hat Petting nichts zu tun. Mit dem richtigen Partner macht es richtig Spaß. Wichtig ist, dass ihr beide das Streicheln genießen könnt.

Petting beim Jungen ist oftmals anders, als dies beim Mädchen der Fall ist. All das, woran ihr Gefallen habt, ist erlaubt. Wer mag es nicht, sanft berührt zu werden und sich mit Küssen verwöhnen zu lassen? Du und Dein Partner habt damit die Chance Euch langsam anzunähern und bestimmte Körperteile besonders zu liebkosen. Der Hals und die Ohren sind besonders erogene Zonen, was bedeutet, dass diese Körperstellen zu einem Kribbeln führen können, wenn sie berührt werden. Tastet Euch während des Streichelns langsam immer weiter vor. Es ist kein Muss sofort beim Penis zu beginnen. Fangt mit harmlosen Berührungen und Küssen an und steigert Euch dann langsam.

Das Petting beim Mädchen läuft ähnlich ab wie bei den Jungs. Sehr empfindlich sind die erogenen Zonen, der Hals und die Ohren. Sie zu küssen sollte langsam vonstatten gehen und besonders intensiv sein. Das Streicheln nicht vergessen. In der Hauptsache dreht es sich beim Petting darum, sich Zeit zu nehmen und jeden Augenblick so richtig auszukosten. Schnell, schnell ist hier fehl am Platz. Tastet Euch nach und nach mit euren Fingern und den Lippen weiter vor. Bezieht jede Körperstelle in das Petting mit ein und widmet Euch der Intimzone ganz besonders. Der Junge kann Deine Vagina zärtlich liebkosen und Deine Klitoris stimulieren. Macht einfach das, was Euch Spaß macht.

Es gibt unterschiedliche Pettingarten, die sich auch sehr gut miteinander kombinieren lassen.

Necking

Necking ist dem Petting ähnlich. Ihr tauscht ebenfalls Zärtlichkeiten miteinander aus. Du kannst das Necking auch als „die brave Version des Pettings“ bezeichnen. Alle Körperteile werden dabei berührt, gestreichelt und geküsst. Der Intimbereich allerdings bleibt außen vor.

Soft Petting

Dabei geht es hauptsächlich darum, sich gegenseitig zu streicheln, anzufassen und zu küssen. Ihr verwöhnt Euch ganz liebevoll gegenseitig. Der Orgasmus steht aber, anders als beim Petting, nicht im Vordergrund. Beim Soft Petting geht es mehr darum, den schönen Augenblick zu genießen.

Hard Petting

Hierbei dreht sich alles um die Stimulation des Partners. So lange, bis er einen Orgasmus hat. Auch hier kommt es nicht zum Geschlechtsverkehr. Die Arbeit mit den Fingern ist erwünscht, bis der Höhepunkt erfolgt.

Schwanger durch Petting ist eine Frage, die sich Mädchen immer wieder stellen. Eine Schwangerschaft kann durch Petting nicht ausgeschlossen werden. Gelangt während des Petting Sperma in Deine Scheide, ist es möglich, dass diese Menge bereits ausreicht, um schwanger zu werden. Wandert eine Samenzelle zur Eizelle und verschmilzt mit ihr, ist es passiert. Masturbiert ihr beispielsweise gemeinsam und Dein Partner steckt seinen Finger in Deine Scheide, kannst Du schwanger werden. Geht also in jedem Fall auf Nummer sicher und vermeidet, dass es zum Kontakt von Vagina und Sperma kommt. Dazu zählen auch die sogenannten Lusttropfen. Entscheidet Euch für eine der Verhütungsmethoden.

Petting und das Jungfernhäutchen sind ein weiteres Thema, welches bei vielen Jugendlichen viele Fragezeichen im Kopf zurücklässt. Dein Jungfernhäutchen kann beim Petting nicht verletzt werden. Dies kann erst passieren, sobald der Penis in Deine Scheide eindringt und das gehört zum Petting ja nicht dazu.

Des Weiteren stellt sich oftmals die Frage, ob Petting zu Geschlechtskrankheiten führen kann. Ihr solltet daher vorher abklären, ob ihr frei von Geschlechtskrankheiten seid. Tripper, Syphilis und Chlamydien können auf den Anderen durch infizierte Stellen übertragen werden. Dabei muss die Wunde nicht einmal groß sein. Auch HIV kann beim Petting übertragen werden. Zwar passiert es ziemlich selten, aber es kann passieren. Denkt also auch beim Streicheln daran zu verhüten.

Es ist immer wichtig, auch beim Petting Acht zu geben. Die Hygiene ist sehr wichtig. Eure Hände sollten sauber sein und die Fingernägel nicht zu lang. Ansonsten könnten die Berührungen unangenehm werden und ihr euch gegenseitig verletzen. Die Stimmung ist dann ziemlich schnell abgekühlt. Wer zugibt, dass er Angst hat, ist mutig.

Sollte ich mir mit 12 Jahren die Pille verschreiben lassen?

Damit Du die Pille überhaupt erhalten kannst, musst Du Dich vorher einer frauenärztlichen Untersuchung unterziehen. Ein Mindestalter gibt es bei der Pille nicht. Es kommt auf Deine seelische und körperliche Reife an, ob Dir die Pille verschrieben wird. Dies prüft der Frauenarzt. In Deutschland darfst Du ab dem Alter von 14 Jahren Sex haben, weshalb das Verschreiben der Pille ab diesem Alter kein Problem sein sollte.

Die Pille ohne Erziehungsberechtigten mit 12 Jahren zu bekommen, könnte sich als äußerst schwierig herausstellen, denn nicht alle Frauenärzte verschreiben diese, wenn Du noch unter 14 Jahren bist. Zwischen Deinem 14. und 16 Lebensjahr liegt die Entscheidung bei Deinem Frauenarzt, ob Du die Pille bekommst oder ein anderes hormonelles Verhütungsmittel, ohne die Einwilligung Deiner Eltern. Bist Du 16 Jahre alt, erhältst Du die Pille in jedem Fall, sofern es keine medizinischen Einwände gibt. Du brauchst die Erlaubnis Deiner Eltern nicht mehr.

Wann aber solltest Du mit der Pille am besten beginnen? Sobald Du beim Frauenarzt warst, kannst Du mit dem Rezept zur Apotheke gehen und Dir die Pille holen. Laut Empfehlung solltest Du mit der Einnahme beginnen, wenn Du Deine Regel bekommst. So bist Du vom ersten Tag an davor geschützt, schwanger zu werden. Beginnst Du irgendwann mitten im Zyklus, kannst Du Dich erst sieben Tage später darauf verlassen, dass Du geschützt bist. Möchtest Du bald Sex haben, solltest Du daher rechtzeitig einen Termin bei einem Frauenarzt machen. Bis Du das 14. Lebensjahr erreicht hast, brauchst Du die Einwilligung Deiner Eltern, um die Pille überhaupt nehmen zu dürfen.

Benötigen wir noch ein Kondom oder reicht die Pille?

Nimmst Du die Pille richtig ein, ist sie eines der sichersten Verhütungsmittel. Sie schützt Dich jedoch nicht vor Krankheiten, die beim Sex übertragen werden können, wie AIDS, Syphilis oder Tripper. Kannst Du ein Infektionsrisiko nicht zu 100 Prozent ausschließen, solltet ihr zusätzlich ein Kondom benutzen. Kannst Du jedoch eine Ansteckung ausschließen, reicht die Pille als Verhütungsmittel, um nicht schwanger zu werden, aus.

Das Kondom statt der Pille? Es gibt Mädchen, die die Pille aus gesundheitlichen Gründen nicht nehmen können. Andere möchten nicht dauerhaft Hormone schlucken. Wird das Kondom richtig verwendet, schützt es ebenso zuverlässig vor einer Schwangerschaft wie die Pille. Ihr solltet beide genau wissen, wie ihr das Kondom richtig benutzt.

Die Sicherheit der Pille ist in der Regel gegeben. Es gibt unterschiedliche Pillen. Hier untersucht Dich Dein Arzt, damit Du die, für Dich richtige Variante, verschrieben bekommst. Du kannst Dich zudem nur auf die Pille verlassen, wenn Du sie richtig einnimmst. Eine regelmäßige Einnahme ist sehr wichtig. Nimmst Du außer der Pille noch andere Medikamente ein, wie Psychopharmaka, Antibiotika oder ähnliches, dann ist die Pille nicht mehr zu 100 Prozent sicher. Dies gilt auch, wenn Du die Pille mal vergessen solltest oder sie unregelmäßig eingenommen hast. Dazu gehört nicht nur, wenn Du mal einen Tag vergisst, sondern schon, wenn Du sie abends eingenommen hast, statt wie sonst morgens. Das Zeitfenster zwischen den Einnahmen ist dann zu groß. Musstest Du Dich einmal übergeben ist die Sicherheit ebenfalls nicht mehr gegeben. Das gilt auch, wenn Du mal Durchfall haben solltest.

Kann ich als 12 jähriges Mädchen alleine zum Frauenarzt oder muss ein Erwachsener dabei sein?

Das Alter ist unerheblich. Möchtest Du den Frauenarzt aufsuchen, weil Du mehr über Deinen Körper, das Thema Sexualität und Verhütungsmethoden erfahren möchtest, kannst Du das alleine machen. Meist passiert das aber erst ab dem 14. Lebensjahr. Du kannst alleine den Frauenarzt aufsuchen oder einen Erwachsenen mitnehmen. Das müssen nicht Deine Eltern sein. Meist suchen Mädchen den Frauenarzt auf, weil sie mit der Periode Probleme haben, Schmerzen haben oder Störungen bei der Blutung. Hinzukommen Fragen bezüglich der Verhütung. Bis zu Deinem 14. Lebensjahr kann der Arzt nach Deinem Besuch, Deinen Eltern Auskunft erteilen, wenn sie nachfragen oder auch Deine Eltern von sich aus darüber informieren. Bist Du jünger als 14 Jahre, wird es sehr schwer, ein Rezept für die Pille zu bekommen, da Du erst ab 14 Jahren gesetzlich Geschlechtsverkehr haben darfst.

Sind Sex und miteinander schlafen das Gleiche?

Sex und miteinander schlafen ist letztendlich das Gleiche. In dem Moment, in dem der Junge mit seinem Penis in Deine Scheide eindringt, habt Ihr Sex, bzw. Ihr schlaft miteinander. Es kommt zu einem intimen Verhältnis. Hierbei spielt es keine Rolle, ob der Geschlechtsverkehr nur ein paar Sekunden, mehrere Minuten oder eine längere Zeit andauert. Der Sex ist erst dann beendet, wenn der Junge seinen Penis wieder aus Deiner Scheide entfernt.

Er möchte Sex, ich nicht – Was kann ich machen?

Das erste Mal mit einem Jungen intim zu werden, ist etwas ganz Besonderes, daher solltest Du mit der Entscheidung nicht leichtfertig umgehen. Es stellen sich so viele Fragen. Wie fühlt es sich an? Wie genau geht Sex? Meist werden die Erwartungen daran sehr hochgeschraubt. Das führt zu einem gewissen Druck, der die Romantik und die Schönheit des Geschlechtsverkehrs mindern kann. Ein Rezept für den perfekten Sex gibt es nicht. Du und Dein Freund seid schon seit einiger Zeit zusammen und habt Euch schon geküsst, miteinander gekuschelt und fühlt euch wohl dabei. Ihr habt Vertrauen zueinander gewonnen und mögt euch. Bist Du noch nicht bereit dazu, Dein Partner würde aber gerne? Dann lasse Dich nicht überreden. Es geht um Dich. Sex ist für eine Beziehung nicht das Wichtigste. Denke genau darüber nach, ob Du wirklich bereit bist und wenn nicht, sprich mit Deinem Freund darüber. Er sollte Verständnis dafür haben. Eine solche Entscheidung solltet ihr beide gemeinsam treffen. Akzeptiert Dein Freund Deinen Wunsch nicht, ist er für Dich nicht der richtige Partner.

Nicht beeinflussen lassen. Das solltest Du Dir immer sagen und nicht nur im Bereich der Sexualität. Sollten in Deinem Freundeskreis schon Mädchen Sex gehabt haben, lasse Dich davon nicht beeinflussen. Das hat nichts mit uncool sein zu tun, wenn Du noch keinen Sex hattest. Viel cooler ist es, auf den Richtigen zu warten und den richtigen Zeitpunkt selbst festzulegen. Dein Selbstbewusstsein stärkst Du zudem auch noch, wenn Du Deine eigene Meinung vertrittst. Lasse Dich nicht von Freunden in die Ecke drängen. Ist der Sex nämlich ungewollt und nicht schön, so kann es sein, wenn Du mal Sex haben möchtest, dass dieser ebenfalls nicht schön verläuft und Du eventuell gar keinen Geschlechtsverkehr mehr haben möchtest.

Du solltest immer, auch wenn es Dir mal schwer fallen sollte, offen und ehrlich mit Deinem Freund sprechen. Ehrlichkeit ist ausgesprochen wichtig in einer Beziehung und offen miteinander zu reden ist das A und O. Ihr müsst eure Gefühle, Sorgen und Ängste miteinander teilen. Das macht ein gutes Liebespaar aus. Gibt es etwas, was Dich bedrückt, sprich mit Deinem Partner darüber. Ihr müsst einander vertrauen. Ist er hier nicht einsichtig, dann solltest Du Dich fragen, ob er Interesse an Dir hat oder eher an der Aussicht auf Sex.

Kann ich mit 12 Jahren schwanger werden, auch ohne Periode?

Ja, Du kannst auch Schwanger werden, wenn Du noch keine Periode bekommen hast. Der Eisprung erfolgt 14 Tage bevor die Regel einsetzt. Ein reifes Ei wandert vom Eierstock durch die Eileiter zur Gebärmutter. Wenn Du in der Zeit mit einem Jungen schläfst und ihr verhütet nicht, kann es zur Befruchtung des Eis durch die Samenzelle kommen. Das gilt auch dann, wenn Du Deine erste Periode noch nicht bekommen hast. Der Eisprung findet dann ebenfalls 14 Tage vor einem Eisprung statt. Du bist ab diesem Zeitpunkt fruchtbar und kannst demnach auch schwanger werden, sofern Du mit einem Jungen Sex hast ohne zu verhüten. Alle deine Träume können wahr werden, wenn du den Mut hast, ihnen zu f

Die Schule, cool oder uncool?

Heute würde ich sagen, so wie viele andere meiner damaligen Klassenkameraden, dass die Schulzeit echt cool war und ich gerne an diese Zeit zurück denke. Es gab natürlich auch Momente, wo ich so gar keine Lust auf Schule hatte. Ich habe sogar einmal mit einer Freundin geschwänzt, aber das habe ich kein 2. Mal gemacht, denn ich bin erwischt worden. Das war damals ein Ärger und zudem voll peinlich. Ich kann Dir nur empfehlen, dass Du niemals auf eine solche Idee kommst. Die Schule ist natürlich beides, mal cool und mal uncool. Es kommt immer darauf an, wer in Deiner Klasse ist, wie Deine Mitschüler zu Dir stehen und ob Du gerade Ahnung von dem Thema hast, welches gerade durchgenommen wird.

Eines ist jedoch sicher: Schule ist immer mittags oder nachmittags zu Ende, wenn Du jedoch irgendwann mal arbeiten musst. Dann wirst Du einige Stunden mehr täglich auf Deiner Arbeit verbringen. Du wirst Dich nicht mehr so häufig mit Deinen Freunden treffen können, weil

Du einfach keine Zeit mehr hast oder zu müde bist. Du musst Dir hier jetzt jedoch noch keine Gedanken drüber machen, denn es wird nicht nur Dir alleine so gehen, auch Deinen Mitschülern, Freunden und allen Anderen, die die Schule verlassen. Die Schulzeit ist schon eine recht coole Sache. Du solltest sie genießen.

Null Bock auf Schule oder was ist da los?

Null Bock auf Schule? Na klar, kann ich verstehen. Manchmal hat man einfach viele andere Dinge im Kopf und da passt die Schule nicht unbedingt in den Alltag. Gerade im Sommer möchte man viel lieber am See sein, im Freibad oder mit Freunden ein Eis essen gehen, das ist doch ganz klar. Die Null Bock Phase findet jedoch nicht nur im Sommer statt, sondern die hat man auch gerne mal im Winter. Morgens aus dem Bett zu kommen ist aber auch lästig, wenn es draußen so kalt ist. Dem Bus hinterher rennen, damit man nicht zu spät kommt und schnell noch beim Bäcker rein, damit man in der Pause was zu futtern hat.

Lass Dich niemals von Freunden oder Mitschülern dazu überreden, lieber etwas Anderes zu machen als die Schulbank zu drücken. Du kannst all diese schönen Dinge auch noch nach der Schule machen, was sich auch wesentlich mehr lohnen würde, weil die meisten Deiner Freunde auch erst dann Zeit haben, sich mit Dir zu treffen. Es ist jedoch absolut normal, dass Du hin und wieder einfach keine Lust auf Schule hast. Das ist auch sicherlich bei Deinen Eltern der Fall. Die haben sicherlich auch nicht immer Lust arbeiten zu gehen. Hier würde ich einfach sagen: „Augen zu und durch".

Schule ein großer Stressfaktor?

Die Schule kann auch ein sehr großer Stressfaktor sein, was oftmals eher bei den unbeliebten Schülern der Fall ist. Sie stehen am Morgen häufig mit Bauchschmerzen auf, weil sie wissen, dass dieser neue

Schultag für sie wieder zu einer enormen Belastung werden wird. Eine solche Belastung entsteht oftmals durch Mobbing. Sicherlich gab es auch bei Dir bereits Situationen in der Schule, die Du lieber aus Deinem Gedächtnis streichen würdest oder Du kennst jemanden, bei dem dies der Fall ist. Das man sich mal mit anderen Mitschülern streiten oder sogar stark verkracht ist, ist ganz normal und hat sicherlich auch nichts mit Mobbing zu tun. Schlimm wird es erst, wenn Du ständig von den selben Mitschülern geärgert wirst, wenn sie geradezu darauf warten, Dir wieder einen Streich zu spielen oder wenn diese einfach nur verletzend sind. Die Verletzung muss nicht einmal körperlich sein, sondern kann auch von seelische Natur her stammen.

Fühlst Du Dich in der Schule nicht wohl, hast Du eventuell sogar Angst diese zu besuchen, wirst du geärgert oder hast Du sogar Bauchschmerzen, wenn Du an die Schule denkst? Dann rede mit Deinen Eltern. Es gibt sehr viele Möglichkeiten, wie man dem Mobbing entgegenwirken kann. Ein offenes Gespräch ist hier immer der erste Schritt und Du solltest ein solches Gespräch unbedingt in Angriff nehmen, wenn Du eine Verbesserung erzielen möchtest. Deine Eltern könnten sich mit Deinem Klassenlehrer unterhalten oder auch mit der Schulleitung. Sollte alles nichts helfen, gibt es immer noch die Möglichkeit des Schulwechsels. Im übrigen, wusstest Du, dass Mobbing auch strafbar sein kann?

Solltest Du jedoch die Person sein, die andere immer wieder ärgert und somit mobbt, solltest Du Dich einfach mal fragen, was dies mit der anderen Person machen kann. Man muss nicht jeden mögen und man muss auch nicht von jedem gemocht werden. Dann lässt man diese Person jedoch einfach in Ruhe. Du musst sie ja nicht beachten und Du musst sie auch nicht als beste Freundin ansehen, nach dem Motto: Leben und leben lassen.

Was kann ich gegen Mobbing an der Schule machen?

Es ist wichtig, wenn Du das Gefühl hast, dass Du an Deiner Schule gemobbt wirst, dass Du jemanden findest, der Dir zuhört, der Dich ernst nimmt und immer ein offenes Ohr für Dich hat. Du solltest die Schuld für das Mobbing keinesfalls bei Dir selbst suchen, denn Du bist nicht Schuld. Du bist wie Du bist und das ist auch verdammt gut so. Die Person, die Dich ständig und immerzu ärgert hat Schuld und sollte mal darüber nachdenken, was sie mit ihrem Verhalten anstellt. Es ist jedoch auch wichtig, dass Du Dein Selbstbewusstsein stärkst, sodass Mobbingversuche bei Dir einfach abprallen können. Zeige diesen Personen die kalte Schulter und mache das Mobben für sie nicht noch interessant. Wie wäre es mit einem Sportverein, in dem Du beitreten könntest oder einem anderen Verein, falls Sport nicht so Deins ist? Du bist stark, zeige es den Anderen.

Du könntest eine starke Körperhaltung einnehmen, aber Dich auch verteidigen. Hast Du bislang eher den Rückzug angetreten, solltest Du nun einfach mal genau das Gegenteil machen. Ich meine damit nicht, dass Du die Fäuste sprechen lassen sollst, sondern dass Du direkt auf die Person zugehst und sie einfach fragst, was sie für ein Problem mit Dir hat. Sage es bestimmt, nicht zu leise, aber auch nicht schreiend. In einer Gruppe sind diese Menschen oftmals wesentlich stärker und trauen sich mehr, als wenn Du sie alleine antriffst. Mach ihnen klar, dass Du Dir ein solches Verhalten in Zukunft nicht mehr gefallen lassen wirst und Du auch bereit bist zu handeln. Sag der Person oder den Personen, dass sie Dich in Ruhe lassen sollen und Dich auch nicht mögen müssen, denn Du magst sie auch nicht, aber das ist absolut ok so. Ich glaube, diese Jugendlichen oder Deine Mitschüler, denen Du auf einmal so entgegenkommst, werden erst einmal irritiert sein. Sie kennen Dich so nicht und auch, wenn sie in der Gruppe etwas zu erwidern haben, so werden sie spätestens, wenn sie alleine sind, über Deine Worte nachdenken.

Schule kann Spaß machen, gewusst wie!

Schule kann wirklich Spaß machen, auch wenn Du das nicht immer glaubst. Du triffst in der Schule jeden Tag Deine Freunde, kannst mit ihnen Spaß haben, auch wenn ihr dabei lernen müsst. Die Pausen sind sowieso das Allerbeste, naja und ein paar Streiche zu machen, gehört einfach dazu oder? Hast Du keinen Stress mit Deinen Lehrern, verstehst Dich mit Deinen Mitschülern im Allgemeinen recht gut und verstehst, was die eigentlich alle von Dir möchten, dann macht Schule wirklich Spaß.

Du solltest lernen, dass Schule keine Strafe für Dich sein soll, sondern ein nötiges Übel ist, welches jeder einmal in seinem Leben durchlaufen muss. Denke doch einfach mal an Deinen Berufswunsch. Gibt es da etwas, was Du wirklich gerne einmal machen möchtest? Vielleicht liebst Du Tiere und möchtest später etwas mit ihnen machen? Du magst Kinder und möchtest ihnen den Start ins Leben leichter machen oder hast Du einen ganz anderen Berufswunsch? Wie gut würdest Du Dich fühlen, wenn Du Dich irgendwo bewirbst und man Dich für Deine guten Noten lobt? Das Gefühl ist doch sicherlich tausendmal besser, als wenn Dein Gegenüber Dir sagt, dass Du mit diesen Noten Deinen Berufswunsch vergessen kannst. Kneif Deine Pobacken zusammen und mach das Beste aus Deiner Schulzeit. Das Leben wird niemals leichter, aber du wirst stärker werden.

Social Media - gut dosiert eine coole Sache

Social Media. Welcher Jugendliche kennt das nicht und hat es für sich entdeckt? Es ist einfach eine super Sache, wenn man immer auf dem Laufenden ist, wenn man seine Freunde direkt an der Strippe hat und sieht, was so alles bei ihnen abgeht. Neuigkeiten sind direkt verfügbar, spannende Urlaubsfotos sieht man sofort und findet eine angesagte Party statt, na klar, das möchte man direkt wissen. Ein Leben ohne Social Media ist gar nicht mehr vorstellbar. Es werden jedoch nicht nur Kontakte gepflegt, sondern auch spannende Spiele gezockt.

Die Netzwerke sind einfach ein absolutes Muss, wenn man up to date sein möchte. Man kann einfach mal eben posten, wo man sich gerade befindet oder mit wem man unterwegs ist. Gerade Urlaubsbilder sind hier besonders gerne gesehen, aber auch Bilder von Partys oder ein Foto mit dem angesagtesten Jungen aus der Schule. Es gibt sogar einige Personen, die Bilder oder Videos posten, weil sie sich erhoffen, dass viele Menschen auf ihre Seite gehen und dann sogar damit Geld verdienen können. Die Wahrscheinlichkeit, dass dies passieren wird ist jedoch ausgesprochen gering. Du als Schüler hast zudem gar nicht die Zeit, um ständig online zu sein. Solltest Du diese Idee ebenfalls schon gehabt haben, kannst Du das gerne machen, wenn Du älter bist. Jetzt solltest Du sich besser auf die Schule konzentrieren.

Internet und Co. Wie viel Zeit sollte ich investieren?

Wie viel Zeit Du im Internet verbringen solltest, lässt sich nicht pauschal sagen. Jedes Kind reagiert anders auf die Medien. Die Screen Time kann eine Richtlinie für die Verweildauer des Kindes im Internet darstellen. Dort findest Du die Anzahl der Minuten zu den verschiedenen Altersklassen. Schaust Du im Internet nach, wirst Du verschiedene Webseiten mit Zeitangaben für die Verweildauer im Internet finden. Es gibt dazu auch eine gängige Faustregel. Kinder, die 3 Jahre oder jünger sind, sollten nur wenige Minuten, besser noch gar keine Zeit, im Internet verbringen. Für drei- bis fünfjährige wird eine halbe Stunde am Tag veranschlagt. Eine Stunde wird anberaumt für das Alter zwischen sechs und neun Jahren. Ab dem zehnten Lebensjahr gilt pro Lebensjahr eine Stunde in der Woche. Natürlich handelt es sich dabei um Richtwerte, die der Orientierung dienen sollen. Jedes Kind ist anders. Was für das eine Kind absolut in Ordnung ist, kann für ein anderes Kind schon zu viel des Guten sein. Es macht auch nicht immer Sinn, nur die Zeit zu beschränken. Bist Du gerade mit einem Videospiel beschäftigt und hast gerade einen Lauf, kann es für Dich frustrierend sein, wenn Deine Eltern verlangen, dass Du genau jetzt aufhören solltest. Eine Alternative wäre die Orientierung an Spielrunden oder Serienfolgen.

Die Reife und der Inhalt spielen eine besonders große Rolle. Nicht alleine die Nutzungsdauer sowie Dein Alter sind hinsichtlich eines ausgeglichenen Umgangs mit dem Internet entscheidend. Enorm wichtig sind die Inhalte, mit denen Du Dich im Internet beschäftigst. Klar wirst Du durch die digitalen Medien in Deiner Entwicklung und

Deinem Wohlbefinden beeinflusst. Völlig ungeeignet sind pornografische Inhalte oder Videos, in denen Gewalt gezeigt wird. Dazu gehören selbst kurze Frequenzen. Geschichten, die kindgerecht sind und leicht zu verstehen sowie Dokumentationen, selbst, wenn es längere sind, sind vertretbar. Auch Medienangebote, die zwar dem Alter entsprechen, können zu negativen Reaktionen führen. Um zu schauen, welche der Inhalte die Richtigen sind, sollten Deine Eltern Dich bei dem Umgang mit dem Internet begleiten und gucken, ob Du verstehst, was dort angezeigt wird oder Du vielleicht Angst durch das Gezeigte bekommst. Letztendlich hängt dies sehr stark von Deinem Alter und Entwicklungsstand sowie Deiner Persönlichkeit ab.

Kreative Nutzung und ein passiver Konsum sind wichtige Bestandteile, wenn Du Dir Deine Zeit im Internet vertreiben möchtest. Der Unterschied zwischen einem passiven Medienkonsum und dem kreativen Nutzen sollte hergestellt werden. Brauchst Du das Internet für Deine Hausaufgaben oder soll dieses der Unterhaltung dienen, zum gamen oder Filme anschauen? Ist das Internet erforderlich, um für einen Vortrag, den Du halten sollst, eine Präsentation zu konstruieren, ist das etwas anderes, als wenn Du das Internet dazu nutzt, einen Film zu schauen. Deine Kreativität kann beispielsweise auch durch kreative Videos, wie Tutorials, angeregt werden und zu einem Lernprozess führen. Bist Du mal traurig und Du schaust Dir im Internet einen lustigen Film an, kann Dich das aufheitern.

Du solltest Deine Freizeit stets möglichst abwechslungsreich gestalten. Mit den digitalen Medien werden Dir zwar einige Möglichkeiten geboten, was aber nicht heißt, dass Du Deine Freizeit nur noch im Internet verbringen solltest. Der persönliche Kontakt zu anderen Menschen, Bewegung und analoge Tätigkeiten solltest Du keinesfalls vernachlässigen. Du solltest in der Lage sein, auch einmal Langeweile auszuhalten. Überbrücke die Leere nicht mit Zeit vor dem Bildschirm. Das Verhältnis zwischen der Zeit, die Du vor dem Bildschirm verbringst und der Zeit, die Du nicht vor dem Bildschirm verbringst, sollte ausgeglichen sein.

Du kennst bestimmt den Spruch Deiner Eltern, dass ausreichend Schlaf so wichtig ist. Diesen Spruch habe auch ich zuhören bekommen und ich konnte es damals gar nicht nachvollziehen, denn ich war eigentlich nie müde, wenn ich ins Bett musste. Heute sieht die Sache ganz anders aus, denn ich weiß wie viel Stunden Schlaf ich brauche, damit ich am nächsten Tag fit bin. Liegen meine Schlafstunden unter dieser Zeit, bin ich zwar morgens recht fit, aber ab Mittag ist mit mir nichts mehr anzufangen.

Stelle gemeinsam mit Deinen Eltern Vereinbarungen und Regeln bezüglich der Bildschirmzeiten auf. Die Frage, zu welcher Zeit und an welchen Tagen der Woche es am idealsten ist, Zeit im Internet zu verbringen, sollte dabei auch gestellt werden. Gilt das, was für die Woche gilt, auch für das Wochenende? Werden in den Ferien Ausnahmen gemacht? Bezüglich der Abmachungen gilt, dass sie sich immer auf die gesamte Bildschirmzeit bezieht. Das bedeutet Smartphone, Gamen, Fernsehen und Internet werden addiert.

Das Internet kann viele Ursachen und Auswirkungen mit sich bringen, die Du Dir einmal vor Augen halten solltest. Bist Du zu oft mit den digitalen Medien beschäftigt, kann das eine negative Auswirkung auf Dich haben. Ob dies der Fall ist, lässt sich aufgrund von gewissen Anzeichen feststellen. Du vernachlässigst Deine anderen Interessen und Aktivitäten, Freundschaften und Hobbys. Es zeigen sich bei Dir Stimmungsschwankungen oder Du bist oft gereizt. Es tritt vermehrt Müdigkeit oder Schlafmangel bei Dir auf.

Dieses Verhalten muss nicht zwangsläufig mit der Nutzung der digitalen Medien zu tun haben. Zu diesen Anzeichen kann es auch kommen aufgrund der Pubertät, wenn Du mit Deinen Freunden Schwierigkeiten hast oder in der Schule gemobbt wirst. Es ist wichtig herauszufinden, warum Du zu viel Zeit mit dem Internet und Co. verbringst.

Sollte ich Bilder von mir auf Social Media Plattformen veröffentlichen?

Bei den meisten Social Media Plattformen ist in den Nutzungsbedingungen enthalten, dass die Nutzung ab dem 13. Lebensjahr möglich ist. Es gibt eine Ausnahme bei einem Messengerdienst, bei dem die Nutzung erst ab 16 Jahren erlaubt ist. Der User wird aber lediglich aufgefordert, sein Alter anzugeben. Ob das Alter auch wirklich stimmt, wird nicht kontrolliert. Nutzt Du den PC, um Deine Hausaufgaben zu machen, solltest Du nicht gleichzeitig bei den sozialen Medien eingeloggt sein. Deine Konzentration könnte darunter leiden. Du brauchst keine Angst haben, dass Du etwas verpassen könntest oder von der Gemeinschaft ausgeschlossen wirst. Es gibt Anzeichen dafür, wenn diese Angst bei Dir vorhanden sein sollte. Frustration und Niedergeschlagenheit, wenn die anderen Spaß haben, können ein Zeichen dafür sein. Bist Du nervös, weil Du nicht genau weißt, was die Anderen gerade so treiben? Du spürst ein ständiges Verlangen danach, Deine Zeit im Internet zu verbringen und leidest unter Konzentrationsstörungen?

Wie im Internet über die sozialen Medien kommuniziert wird, läuft nach eigenen Spielregeln ab. Folgst Du einem Follower nicht, kann dies als Unfreundlichkeit aufgefasst werden. Außerdem ist immer zu sehen, welche Personen gerade online sind und welche nicht. Es könnte sein, dass Du Dich so verpflichtet fühlst, direkt zu antworten und hast vielleicht Probleme damit, wenn der Andere sich nicht direkt zurückmeldet. Es gibt Dienste, welche den sozialen Druck noch verstärken, da diese anzeigen, wie lange Du Dich mit jemandem ohne Unterbrechung ausgetauscht hast. Es ist schon unterhaltsam, wenn Videos, Fotos und Kommentare in Echtzeit im Internet erscheinen. Das hat jedoch auch seine Tücken. Die Bilder können von anderen heruntergeladen, kopiert oder bearbeitet werden. Durch das soziale Internet haben auch Pädosexuelle die Möglichkeit, mit anderen Personen Kontakt aufzunehmen. So kann es sein, dass Du Inhalte siehst, die für Dein Alter noch gar nicht bestimmt sind. Solltest Du einmal zufällig auf Seiten im Internet gelangen, die „eklig“ sind, solltest Du diese Seiten unbedingt Deinen Eltern zeigen, denn hier kann man vielleicht auch anderen Personen helfen, die gar nicht wissen, dass ein Bild oder Video von ihnen im Internet ist.

Natürlich hat das Internet, gerade die sozialen Medien, auch einiges Positives zu bieten. Die sozialen Medien geben Dir die Möglichkeit Beziehungen aufzubauen und diese zu pflegen, mit anderen Deine Gedanken zu teilen und Dich mit ihnen auszutauschen. Gerade Kinder und Jugendliche, die das Gefühl haben, sie gehören nicht dazu, können davon profitieren. Im Teeniealter beginnst Du Dich von Deinen Eltern nach und nach zu lösen. Online Communities können Dir dabei eine Hilfe sein. Indem Deine virtuellen Freunde sich zurückmelden, kannst Du testen, was bei den Anderen beliebt ist und was nicht. Dies unterstützt die Formung und Herausbildung Deiner eigenen Identität. Neben der Schule, der Familie und einer Gruppe von Gleichaltrigen tragen die sozialen Medien auch den Namen Sozialisationsinstanz.

Du kannst Deinen Freunden immer nahe sein, selbst wenn Du in Deinem Zimmer gerade alleine bist. In Echtzeit kannst DU mit anderen kommunizieren. Viele Dinge sind interessant. Hast Du ein bestimmtes Interesse oder Hobby im realen Leben, aber niemanden, mit dem Du die Leidenschaft teilen kannst, kann das Internet eine gute Möglichkeit sein, sich mit anderen auszutauschen. Du kannst Gedanken und Informationen auf den Social Media Plattformen teilen und erfährst immer wieder Neuigkeiten oder Tipps zu Veranstaltungen.

Meine Freunde gehen online. Ich möchte auch

Haben Deine Eltern etwas dagegen, dass Du mit Deinen Freunden chattest? Versuche Argumente zu finden, wie Du sie davon überzeugen kannst, es auch zu tun. Der Kontakt zu anderen Menschen ist für Dich wichtig, doch ihr habt nicht immer die Gelegenheit zusammen zu sein, vielleicht wohnt ihr einfach weiter auseinander. Im Grunde genommen ist chatten doch nichts anderes, als wenn ihr miteinander telefonieren würdet. Du hast beim Chatten, anders als beim Telefonieren, die Möglichkeit, Dich ungestört mit Deinen Freunden zu unterhalten. Es ist über das Internet leichter neue Freunde kennenzulernen als dies oftmals im realen Leben der Fall ist. Doch es ist auch Vorsicht geboten. Du weißt nicht wer sich hinter dem Alias verbirgt. Haben Deine Eltern Bedenken, suche doch gemeinsam mit ihnen einen Chat aus oder informiere sie über die Sicherheit des Messengers, über den Ihr Euch unterhaltet. Für Kinder bis zum 13. Lebensjahr gibt es extra Kinderchats. Du kannst mit Deinen Eltern auch feste Zeiten vereinbaren, in denen Du in dem Chat unterwegs sein darfst.

Sind soziale Medien gefährlich für 12 jährige Mädchen?

Auf den sozialen Medien sind rund 89 Prozent der User 12 bis 19 Jahre alt. Die Hälfte der User gab zu, über das Internet schon einmal freizügige Bilder ausgetauscht zu haben. Durch das Internet und die Social Media Plattformen kannst Du auf Welten, Informationen und Neuigkeiten zugreifen, vor denen Du vor dem Internet geschützt warst. Heutzutage werden die Inhalte geteilt und geliked. Dadurch gelangen sie ungefiltert unmittelbar ins Kinderzimmer. Ihr werdet demnach viel früher mit diesen Dingen konfrontiert als es noch vor 20 Jahren der Fall war. Hierbei ist es egal, ob es freiwillig oder unfreiwillig geschieht, es passiert einfach. Eine unbeschwerte Kindheit kann durch das Internet gefährdet werden.

Veröffentlichst Du persönliche Bilder und Informationen von Dir, ist das besonders gefährlich. Gerade als Jugendlicher ist es für Dich nicht einfach, die Konsequenzen abzuschätzen. Das Stichwort dafür lautet Prävention. Wie Du Dich im Internet verhältst, ist noch kein Lehrfach in der Schule geworden. Es kann passieren, dass Deine virtuellen Freundschaften plötzlich auseinander gehen oder Du nur noch mit den Freunden kommunizierst und gar keine Freunde mehr im realen Leben hast. Das virtuelle Ich sollte nicht wichtiger als Dein reales Ich werden. Ziehe dem persönlichen Reden dem Chatten immer vor. Zwischen dem

9. und 14. Lebensjahr baut sich Dein Gehirn ab, zwar nicht negativ gemeint, aber Du nimmst Dinge anders wahr. Das bleibt die ganze Pubertät lang so. Der Teil, der das Verhalten und das Handeln kontrolliert, ist noch nicht weit genug entwickelt. Zudem hast Du ein anderes Belohnungssystem als die Erwachsenen. Du bist anfälliger für Aktivitäten, bei denen Dopamin, ein Glückshormon, ausgeschüttet wird. Zu diesen gehören Computerspiele und soziale Netzwerke. Du kannst die Verführungen und Ablenkungen, die sich ergeben, noch nicht richtig einschätzen und richtig verarbeiten. Die Folgen von Posts, die Du selber ins Internet gestellt hast, kannst Du ebenfalls nicht abschätzen. Hat Dich ein Mitschüler fies beleidigt, macht das im Internet ebenso schnell die Runde, wie auf dem Schulhof. Im Internet lesen es aber mehr Menschen. Die Jagd nach Likes, nach Nachrichten und Freunden wurde in den letzten Jahren immer mehr. Dies kann sogar zu einer Sucht werden.

Messenger Dienste nutzt doch jeder!

Messenger Dienste bieten umfangreiche Kommunikationsmöglich keiten von überall aus, doch Du kannst auch in Kontakt kommen mit Extremismus, Pornografie oder Gewalt. Ein sorgfältiger Umgang mit dem Messenger ist daher das A und O. Die Auswahl ist ebenso wichtig wie die Begleitung Deiner Eltern dabei. Deine Eltern sollten immer darauf achten, dass sie für Dich der Ansprechpartner sind, wenn Du Dich unsicher im Umgang mit einem Messenger fühlst. Am liebsten würdest Du Dich rund um die Uhr mit Deinen Freunden austauschen, was ganz normal ist. Bei den Messengern gibt es keinen Moderator wie in den Chats. Das heißt, es kontrolliert keiner, was dort abgeht. Daher werden Messenger öfter für das Cybermobbing genutzt. Ebenso werden dort eher Menschen aus Gruppen ausgeschlossen, Hetzgruppen gegründet, peinliche Fotos verbreitet und beleidigende Nachrichten verschickt. Dank der Mobilität wandern die Konflikte aus dem

Kinderzimmer ins Klassenzimmer sowie auf den Schulhof und werden dann mit nach Hause genommen.

Es stellt für die Opfer eine erhöhte Hilflosigkeit und Belastung dar. Zudem lässt sich nicht kontrollieren, mit welchen Inhalten Kinder und Jugendliche konfrontiert werden. Bei den Messengern ist das Risiko höher, dass Fremde Dich persönlich ansprechen. Gehe niemals sorglos mit Deinen Kontaktdaten in den Profilen oder auf den Plattformen um. Du solltest mit Deinen Eltern gemeinsam schauen, welcher Messenger für Dich geeignet ist. Die europäische Datenschutzverordnung hat geregelt, dass die Online Anbieter Daten von Personen, die unter 16 Jahren alt sind, nur verarbeiten werden dürfen, wenn die Einwilligung der Eltern vorliegt. Für Messenger Dienste gilt dies auch. Doch meist wird das bei den Anbietern nicht kontrolliert.

Es gibt Messenger bei denen gewisse Punkte aktiviert und deaktiviert werden können, um den Umgang etwas sicherer zu gestalten. Doch diese müssen auch genutzt werden. Angst beginnt in deinem Kopf, Mut aber auch. Sei also immer mutig und zeige Deinen Eltern, wenn Du etwas im Internet siehst, was Dir komisch vorkommt oder Dir sogar Angst macht.

Alles was Spaß macht, möchte auch ich machen

Mit 12 Jahren gibt es so viele Dinge, die Spaß machen. Schließlich möchte man sich ausprobieren und alles was Neu ist, ist auch wert, dass es ausprobiert wird. Du solltest jedoch vorher überlegen, egal was Du machst, was für Folgen es haben könnte. Ich meine hiermit nicht, dass Du Ärger bekommen könntest, sondern eher, dass Du Dich auch verletzen könntest. Hast Du die Gefahren abgewägt und kommst zu dem Entschluss, dass hier nichts schiefgehen kann, solltest Du jeden Spaß mitmachen. Immer dann, wenn nur die kleinste Möglichkeit einer Verletzung bestehen sollte, lass die Finger davon. Des Weiteren gibt es natürlich Ärger und Ärger, den Du ebenfalls abwägen solltest. Bekommst Du von Deinen Eltern eventuell Ärger, weil Du die Zeit vergessen hast, ist dies nicht schön, aber immer noch vertretbar. Stellst Du jedoch etwas an, was zwar Spaß macht, aber womit Du andere Personen verletzen könntest, auch dann solltest Du die Finger davon lassen. Des Weiteren sind alle Dinge nicht ratsam, wo die Polizei mit ins Spiel kommen könnte. Was Du heute machst, könntest Du auch in ein paar Jahren noch bereuen.

Es gibt jedoch so viele Dinge, die Du ausprobieren kannst, die wirklich viel Spaß machen können, nicht nur alleine, sondern auch mit Deinen

Freunden. Spaß macht alles das, wo Du Dich gut bei fühlst, wo Du lachst und manchmal auch die Dinge, die Du noch lange in Erinnerung behalten wirst. Bist Du unsicher, ob Du etwas machen solltest, dann rede doch vorher mit Deinen Eltern darüber, mit Deinen Geschwistern oder mit Deiner besten Freundin. Sie werden Dir ehrlich Auskunft geben.

Ein Abend mit meinen Mädels

Einen gemütlichen Abend mit den besten Freundinnen verbringen, macht richtig Laune. Mit ein paar Tipps wird es ein unvergesslicher Abend. Kein Mädelsabend ohne etwas Leckeres zu essen. Wie wäre es beispielsweise mit Pizza? Die geht doch immer. Up to date sind heutzutage auch Mottopartys. Stelle die Party unter ein bestimmtes Motto und dekoriere Dein Zimmer dementsprechend. Da Ihr es Euch ja ohnehin bequem machen möchtet, könnte der Abend zum Beispiel unter dem Motto „Schlabberlook" stehen. Alle erscheinen im Jogginganzug. Sicherlich ist auch Dein Kleiderschrank gut gefüllt mit Klamotten. Darunter ist vielleicht auch einiges, was Dir gar nicht mehr gefällt oder nicht mehr passt. Deinen Freundinnen geht es vielleicht ähnlich. Mache doch aus dem Mädelsabend eine Klamottentauschbörse. Jeder von Euch bringt ein paar Klamotten mit. Dein Zimmer wird zum Catwalk und die Klamotten werden so richtig vorgeführt. Dabei noch Musik und der Laufsteg ist perfekt. Selbst, wenn Ihr Euch täglich seht, habt Ihr Euch doch immer was zu erzählen. Basteln Du und Deine Freundinnen gerne, könnt Ihr beides miteinander verbinden. Es gibt so viele Möglichkeiten, wie Bilder oder Mandalas malen, eine Schmuckschatulle basteln und viele Dinge mehr. Ich bin mir sicher, dass Dir und Deinen Freundinnen noch so einiges einfallen wird. So habt Ihr vom Abend auch noch eine schöne Erinnerung. Ihr seid nun in einem Alter, in dem das Aussehen ein Thema wird.

Das Styling der Haare, die Kleiderwahl und das Make-up. Probiert gemeinsam an Euch aus, was zu jedem einzelnen passt. Es werden die neuesten Beauty Trends ausprobiert. Das Selfie hat in den letzten Jahren Einzug ins Leben erhalten, somit wird alles festgehalten. Das neue Styling, der ausgedehnte Shoppingbummel, das Eis schlemmen im Café und alle anderen Dinge, die Du täglich so erlebst. Selfies sind bei Jugendlichen sehr beliebt. Diese dürfen auf dem Mädelsabend nicht fehlen. Macht besonders außergewöhnliche und witzige Fotos von Euch. So habt Ihr gleichzeitig eine Erinnerung an Euren schönen Abend. Nutzt Ihr eine Polaroid Kamera, erhaltet Ihr die Bilder sofort und könnt sie aufhängen oder untereinander aufteilen und jeder kann sich ein Foto daheim aufhängen. Wie wäre es denn mal mit einer Reise in die Vergangenheit? Jeder bringt sein Fotoalbum mit und es wird in der Vergangenheit gestöbert. Wie saht Ihr als Baby aus, als Kleinkind, im Planschbecken und, und, und. Das muss Dir gar nicht peinlich sein, im Gegenteil, Erinnerungsfotos können ausgesprochen witzig sein. Ihr seid Filmfans und liebt die Romantik? Dann schaut Euch ein paar Liebesschnulzen an. Schmelzt gemeinsam mit den Stars dahin. Derjenige, der als erster anfängt zu weinen, hat verloren. Na, wer wird das wohl sein?

Shoppen gehen bis der Geldbeutel brennt

Du kommst jetzt in das Alter, in dem Du immer mehr Interesse an Kleidung und Make-up hast. Shoppen gehen ist jetzt angesagt, ob alleine oder mit Deinen Freundinnen. Shoppen macht Spaß. Das stöbern in den Klamotten, das Anprobieren. Die Werbung nimmt immer mehr zu. Lief sie früher im Fernsehen und war auf Plakatwänden zu sehen, nimmt sie seit dem Internet mehr und mehr zu. Markenprodukte haben auf Heranwachsende eine enorme Anziehungskraft. Zum Shoppen in den Läden kommt, seit dem Internet, das Onlineshoppen noch hinzu. Rund um die Uhr ist es nun möglich einzukaufen. Wie schnell ist mit einem Klick die super tolle Jeans in den Warenkorb gelegt, ohne dass Du dafür Bargeld brauchst. Bezahlen, denkst Du vielleicht, kannst Du ja später. Die

Hemmschwelle sinkt und Dir wird die Entscheidung zum Kauf um einiges leichter gemacht. Es ist normal, dass Jugendliche in der Pubertät glauben, mit bestimmten Eigenschaften können sie sich bestimmte Persönlichkeitseigenschaften erhalten und lassen sie lässig und cool wirken. Die Erfahrung, wie die Erwachsenen am Konsum beteiligt zu sein und selber zu entscheiden, was man haben möchte und was nicht, verleiht das Gefühl, erwachsen zu sein. Der Wunsch nach sozialer Anerkennung ist völlig normal und kann durch das Shoppen verstärkt werden. Das kann dazu führen, dass Du Dinge kaufst, die Du überhaupt nicht brauchst. Schnell kann es zu einer Kaufsucht kommen, aus der es nicht so leicht ist herauszufinden. Gib immer alles, nur gebe niemals auf.

Pyjama Party, aber bitte ohne Eltern

Ihr möchtet unter Euch sein. Das ist verständlich. Eltern stören auf der Pyjamaparty nur. Findet die Party bei Dir statt, haben Deine Eltern die Verantwortung für Dich und Deine Freundinnen. Lasse sie nicht ganz außen vor. Immerhin haben Deine Eltern Dir erlaubt eine Pyjama-Party zu geben und alles mit Dir vorbereitet. Die Pyjama-Party muss ja nicht ausschließlich in Deinem Zimmer stattfinden. Zu einer solchen Party gehören ja viele Dinge. Eine Nachtwanderung zum Beispiel, selber Pizza machen oder Essen bestellen. Dies sind Dinge an denen Deine Eltern teilhaben können. Sobald Ihr Euch aber in Dein Zimmer zurückzieht, sollten Deine Eltern akzeptieren, dass sie nicht dabei sein sollten. Ein paar Geheimnisse solltet Ihr Mädels doch haben können, oder? Die Dinge, über die Ihr dann redet oder die Ihr dann macht, brauchen die Eltern nicht zu wissen. Gespräche über Jungs zum Beispiel.

Einfach mal mit Freunden abhängen

Die meisten Menschen sind gerne mit Freunden zusammen und brauchen Freunde für ihr Leben. Du profitierst vom gemeinsamen Lachen, Weinen und zusammen Tratschen. Es macht glücklich, Dinge mit anderen zu teilen. Freunde treffen steigert Dein Wohlbefinden. Damit die Freundschaft auch anhält, ist es wichtig, sich regelmäßig auszutauschen. Zwar ist es aufgrund der sozialen Netzwerke einfacher, mit anderen Menschen zu kommunizieren, doch fehlt hier der direkte, persönliche Kontakt. Du hast zwar über die sozialen Medien die Möglichkeit, Dich auch über weite Distanzen mit anderen auszutauschen, doch ob ein solcher Austausch wirklich Freundschaften, langfristig gesehen, prägt, bleibt abzuwarten. Nicht immer haben solche Kontakte dieselbe Verbindung, wie im realen Leben. Es sind manches Mal eher oberflächliche Kontakte, da der direkte und persönliche Austausch fehlt.

Darf ich mit 12 Jahren Alkohol trinken?

Mit 12 Jahren darfst Du laut Gesetz noch keinen Alkohol trinken. Erst, wenn Du 16 Jahre alt bist, darfst Du laut Gesetz weiche alkoholische Getränke trinken. Die harten Sachen, wie beispielsweise Schnaps, sind erst ab 18 Jahren erlaubt. Je nach Land sind die Bestimmungen da unterschiedlich geregelt. Liegen bestimmte Voraussetzungen vor, ist bereits mit 14 Jahren ein beschränkter Konsum von Alkohol möglich. Zu den leichten Getränken gehören zum Beispiel Wein und Bier. Zum härteren Alkohol gehören unter anderem Spirituosen und Branntwein. Auch Mixgetränke, wie beispielsweise Cola-Rum oder Gin Tonic, gehören in den Bereich des harten Alkohols. Bei leichten Getränken ändert sich das Alter von 16 Jahren auf 14 Jahren, wenn mindestens ein Sorgeberechtigter, also Dein Vater, Deine Mutter oder ein gesetzlicher Vormund, anwesend sind. Du darfst aber auch nur dann leichten Alkohol trinken, wenn der Sorgeberechtigte sein Einverständnis gegeben hat. Seien wir doch mal ehrlich, die harten alkoholischen

Getränke schmecken nicht wirklich, da kann es beim ersten Schluck vorkommen, dass Du Dich schüttelst. Es schmeckt sehr befremdlich, was bei den leichten alkoholischen Getränken anders aussieht. Viele mögen gerne Bier. Ich persönlich empfinde den Geschmack als eher bitter. Die Alkopops, von denen Du sicherlich auch schon gehört hast, sind eher süßlich, was lecker ist, aber auch gefährlich werden kann. Schmeckt ein Getränk besonders gut, so trinkt man mehr und mehr davon. Es kann sein, dass Du dann irgendwann betrunken bist und nicht mehr weißt was Du machst. Ein solches Verhalten kann nicht nur peinlich werden, sondern auch ausgesprochen gefährlich. Es ist absolut ok, wenn Du Alkohol einmal probieren möchtest, aber Du solltest es nicht übertreiben.

Chillen, chillen und nochmal chillen

Wie Du, mussten auch Deine Eltern durch die Pubertät durch. Dein Gehirn verändert sich in dieser Zeit. Es wird schneller und ist leistungsfähiger. Die Pubertät ist eine Art Renovierung. Du wohnst zwar noch in den Räumen, es gibt jedoch Einschränkungen. Du leistest in dieser Phase enorm viel, auch wenn das für Dich nicht unbedingt so aussehen mag. Du musst all das Neue, was auf Dich einprasselt, umsetzen lernen. Neue Fähigkeiten, Funktionen und Emotionen musst Du erst einmal neu lernen und diese verarbeiten. Nicht alle Bereiche Deines Gehirns entwickeln sich gleich schnell, deshalb werden Funktionen, die Du bereits gelernt hast, einfach mal abgeschaltet, damit es nicht zu einer Überlastung des Gehirns kommt. Du lernst in der Zeit der Umbauphase die Fähigkeiten, die die Erwachsenen schon seit langer Zeit verinnerlicht haben. Dazu gehört unter anderem: Prioritäten zu setzen, eigenständig zu werden, wenngleich Du Dich gerade auch lieber mit Deinen Freunden triffst statt Vokabeln zu pauken. Deine Identität zu finden und das Knüpfen von sozialen Kontakten ist Dir gerade wichtiger als Dich um Deine Matheaufgaben zu kümmern. Du stehst demnach vor der Herausforderung, mit Deinem gerade eingeschränkten Gehirn das Lernen in der Schule mit Deinen neuen Fähigkeiten in Einklang zu bringen. Zwischen dem 12. und 16. Lebensjahr bist Du in der Hochphase der Pubertät. Da ist Chillen Thema Nummer eins. Dein Gehirn setzt während der Umbauphase hin und wieder mal auf Stand-By. Zudem verschiebt sich Dein Biorhythmus. Klingelt der Wecker um 6:00 in der Früh bist Du nicht so wach, wie Du es mal warst. Erst am Nachmittag fährst Du auf Hochtouren und das hält dann bis etwa 22:00 Uhr an, wo Du immer noch keine Müdigkeit spürst. Es ist auch absolut normal, wenn Du in der Zeit immer mal wieder eine lange Leitung hast. Die Bereiche Deines Gehirns kommunizieren in der Zeit nicht optimal miteinander. Es kann sein, dass es Dir schwerer fällt, um die Ecke zu denken. Komplexen Gedankengängen kannst Du nicht so schnell folgen. Die Aufgaben sollten für Dich daher so klar wie möglich sein und genau strukturiert. Hört sich ein bisschen so an als ob Du alles, was Du mal erlernt hast, vergessen würdest. Das ist aber nicht so. Du wirst mit der Zeit lernen wie Dein Gehirn tickt, wie Du es richtig einsetzen kannst. Der Vorgang ist spätestens dann abgeschlossen, wenn Du Deine Pubertät durchlebt und beendet hast. Es gibt also Hoffnung.

Wie ist die Sache mit den Klamotten zu verstehen?

Du kommst in ein Alter, indem Du selber bestimmen möchtest, was Du anziehst und die Kleidung wird figurbetonter sein, was manchmal zu Stress mit den Eltern führen kann. Vielleicht hast Du einen Lieblingsstar und möchtest Dich kleiden wie dieser. Mädchen ist oft nicht klar, wie diese Kleidung auf die Umgebung wirkt. Du beginnst immer mehr Klamotten auszuprobieren und findest irgendwann Deinen eigenen Stil. Vielleicht willst Du auch nur Aufmerksamkeit erregen oder Deine Eltern provozieren. Am besten entscheidest Du mit Deinen Eltern gemeinsam, ob der Rock oder das Top in Ordnung sind. Es gibt Schulen, an denen es bezüglich der Kleidung Vorschriften gibt. Es ist verständlich, dass Du Dich anders kleiden möchtest. Du möchtest mehr auffallen in Sachen Kleidung, Make-up und Haarstyling. Du möchtest Eindruck bei Deinen Klassenkameraden schinden. Du stylst Dich vielleicht auch so, weil Du Angst hast ansonsten nicht dazuzugehören. Hast Du öfter Streit mit Deinen Eltern wegen Deinem Kleidungsstil, dann redet miteinander. Erkläre Deinen Eltern, warum Du Dich so kleidest. Vielleicht haben sie Vorurteile und glauben der Grund sei ein ganz anderer. Deine Eltern sollten versuchen zu verstehen, warum Du Dich so kleiden möchtest.

Minirock und Co. Kann ich das tragen?

Seien wir doch mal ehrlich: Miniröcke sind einfach cool. Es gibt sie in unterschiedlichen Farben, mit vielen Mustern und aus tollen Materialien. Miniröcke sehen jedoch nicht nur toll aus, sie haben auch den ein oder anderen Nachteil, der echt nervig werden kann. Ist der Rock zu kurz, dann kannst Du Dich nicht richtig bewegen, denn Du müsstest immer Angst haben, dass der Rock hoch rutscht und man Deine Unterwäsche sehen könnte. Ein solcher Moment würde sicherlich, gerade bei den Jungs, für einen großen Lacher sorgen. Wer zudem einen Minirock trägt, der entscheidet sich auch immer für eine Strumpfhose, was für ein Aufwand. Du bleibst mit Deiner Strumpfhose irgendwo hängen und schon ist sie kaputt oder Du hast eine Laufmasche. Das sieht dann auch doof aus, oder? Knielange Röcke können zudem ebenfalls total gut aussehen und echt stylisch sein. Du solltest Dich diesbezüglich einfach mal umsehen oder mal den Kleiderschrank Deiner Mama durchsuchen. Sicherlich findet sich hier das ein oder andere angesagte Kleidungsstück. Vergiss aber nicht, Deine Mama zu fragen, wenn Du etwas passendes gefunden hast, ob Du das tragen darfst.

Darf ich mich sexy anziehen?

Die Kinderkleidung von heute ist mit der vor 20 Jahren nicht mehr zu vergleichen. Deine Eltern sind für Dich verantwortlich und sie dürfen sich noch in Dein Leben einmischen. Das gilt auch für Deinen Kleidungsstil. Versucht eine gemeinsame Lösung zu finden. In der Pubertät verändert sich Dein Körper. Du nimmst eine fraulichere Form an. Dein Busen bildet sich aus. Da ist es auch zu verstehen, dass Du diese Stellen durch entsprechende Kleidung betonen möchtest. Es gibt ja nicht nur schwarz und weiß. Das heißt nur Schlabberklamotten und super enge Outfits. Es gibt noch vieles dazwischen. Die Kleidung sollte nicht anrüchig oder anstößig wirken. Du wirst sicherlich Klamotten finden, die Deine Figur betonen und nicht billig wirken.

Kommst Du in die Pubertät, beginnst Du Dich für Make-up und Klamotten zu interessieren. Für Deine Eltern bedeutet das, dass sie wieder ein Stück mehr loslassen müssen. Verbieten sollten sie es Dir nicht, wenn Du Dich gerne schminken möchtest. Auf das „wie“ kommt es an. Vielleicht tragen andere Mitschülerinnen von Dir schon Make-up und zusätzlich wirst Du im Fernsehen, in Zeitschriften und dem Internet damit konfrontiert. Du bist dabei Dich von Deinen Eltern abzugrenzen und findest Deinen eigenen Style.

Die Weiblichkeit prägt sich bei Dir nun immer mehr aus. Dinge, denen Du früher keine Beachtung geschenkt hast, sind für Dich plötzlich ausgesprochen wichtig. Ein Speckröllchen am Bauch, das man auch noch sehen kann, geht jetzt gar nicht mehr. Ein Pickel mitten auf der Nase ist ein Unding und Schuhe aus dem Second-Hand-Laden kannst Du jetzt nicht mehr tragen. Du beginnst den Drang nach Weiblichkeit zu spüren. Einigt Euch auf ein dezentes Aussehen, welches nicht auffällig ist, aber Deine Schönheit unterstreicht.

Make-up und coole Klamotten gehören zusammen, oder?

Mit der Pubertät beginnen auch die Probleme mit der Haut, die sich in Form von Akne zeigen. Alleine deshalb wird oftmals zu Make-up gegriffen. Für Pickel gibt es Abdeckstifte, Puder und auch Tagescremes. Diese können die Akne allerdings fördern. Wie wäre es denn mal mit einem Mutter-Tochter-Schminkkurs? Ihr könntet Euch ja einigen, dass Du Make-up erst einmal nur außerhalb der Schule auflegst, wenn Du zum Beispiel ins Kino gehst oder zu einer Geburtstagsparty. Wichtig ist, dass es dezent ist und bleibt. Ein wenig

Lipgloss und etwas Mascara reichen schon aus. Vielleicht hat Deine Mutter auch ein paar Tipps für Dich oder kann von Ihren eigenen Erfahrungen berichten. Ein solcher Mutter-Tochter-Schmink-Kurs schweißt Euch zusammen und ist eine schöne Erinnerung für später. Deine Mutter zeigt Dir so auch, dass sie Deine beginnende Weiblichkeit akzeptiert. Schon früh weißt Du, was Du möchtest und was nicht. Dies gilt auch für die Kleidung. Spätestens bei Beginn der Pubertät fliegt der Pulli mit den Tiermotiven in die Ecke und die Kleidung von älteren Geschwistern magst Du auch nicht mehr anziehen. Kleider gefallen Dir nun besser als Hosen, und das ganze Outfit muss aufeinander abgestimmt sein.

Weniger ist oftmals mehr. Den Spruch hast Du eventuell auch schon einmal von Deinen Eltern gehört, aber es stimmt. Gerade Jungs mögen es nicht, wenn Dein gesamtes Gesicht mit Schminke zugekleistert ist. Die meisten Jungs mögen es, wenn ein Mädchen natürlich aussieht. Vergiss das nicht. Stell Dir nur mal vor, ein Junge möchte Dich küssen und schmeckt den Lippenstift oder hat diesen im ganzen Gesicht verteilt. Das kommt nun überhaupt nicht gut an.

Deine Eltern sollten Deine Experimente akzeptieren und nicht zu stark einschränken, sofern Dein Outfit und Dein Make-up nicht zu anstößig wirken. Dein ganz individueller Style dient der Entwicklung Deiner Persönlichkeit. Zwingen bringt sowieso nichts, dann machst Du das Gegenteil von dem, was sich Deine Eltern eigentlich wünschen. Du solltest dabei jedoch auch nicht vergessen, dass Du Dir selbst mit einer solchen Aktion schaden könntest. Was Du heute für passend hältst, kann morgen für Dich schon unpassend sein. Deine Eltern sollten Verständnis zeigen, Du bist in der Pubertät und hast einiges zu bewältigen. Zeige Deinen Eltern, dass Du verantwortungsbewusst mit Make-up umgehen kannst. Du musst erst einmal lernen, dich richtig zu schminken und was die richtige Dosierung ist. Puder ist in dem Alter nicht gut. Die ersten Pickel sprießen und Puder verstopft die Poren, wodurch Deine Haut noch unreiner wird.

Mit Beginn der Pubertät beginnst Du länger vor dem Kleiderschrank zu stehen und zu überlegen, was Du anziehen möchtest. Du bist gerade dabei Dich zu entfalten und auszuprobieren, wie Du Dir gefällst. Du möchtest den anderen Deinen eigenen Geschmack präsentieren. Du möchtest „In" sein. Eine Umfrage zeigte, dass Markenklamotten den Jugendlichen viel bedeuten, doch mit Markenkleidung zeigst Du nicht Deinen eigenen Stil, sondern nur, dass es Dir sehr wichtig ist, zu den anderen dazuzugehören. Es sind keine teuren Markenklamotten nötig, um den anderen zu gefallen. Anders gesagt, wenn die anderen Dich nur wegen Deiner Klamotten mögen, kannst Du auf solche Menschen eh verzichten. Vielleicht möchtest Du auch älter sein als Du bist, weil Du denkst, dass Du dann ernst genommen wirst. Dein Make-up und Deine Klamotten sollten immer noch Deine Persönlichkeit widerspiegeln und nicht einen anderen Menschen aus Dir machen. Stehe zu Dir selbst und bleibe Dir treu. Du kommst nur dann echt rüber, wenn Du authentisch wirkst und wirst so respektiert und machst einen erwachsenen Eindruck. Das richtige Maß macht es aus. In der Schule sollte das Make-up natürlich sein. Du verwendest am besten nur Tagescremes. Gegen die Rötungen und Hautunreinheiten kannst Du eine getönte Tagescreme verwenden. Ein auffälliger Lippenstift ist nichts für die Schule. Besser geeignet sind roséfarbene und transparente Lippenpflegestifte oder etwas Lipgloss. Bei einem Tages Make-up sind ein intensives Rouge und ein dunkles Augen Make-up fehl am Platz. Das richtige Alter, um mit dem Schminken zu beginnen, gibt es nicht. Manche fangen schon früh damit an, andere später und wieder andere haben gar kein Interesse an Make-up. Es hängt von den Bedürfnissen ab.

Hochwertiges Make-up, was ein Loch in den Geldbeutel frisst, ist nicht immer die beste Wahl. Du solltest vor dem Kauf auf die Verpackung gucken, was ein solches Make-up für Inhaltsstoffe enthält. Gerade, wenn Hautprobleme auftreten, liegt es nahe, sich zu schminken, um diese zu überdecken. Aber nicht jede Schminke ist für Deinen Hauttyp geeignet. Übe erst einmal bevor Du Dich mit dem Make-up raus wagst.

Es bringt nichts, Dich vor einem wichtigen Ereignis das erste Mal zu schminken. Ein wenig Übung braucht es schon. Die Qualität des Make-ups spielt eine wichtige Rolle. Da sollten Deine Eltern ein Auge drauf haben, gerade dann, wenn Du unter Hautunreinheiten leidest. Naturkosmetik ist am besten geeignet. Die Lust sich zu verkleiden und zu schminken, tritt gerade bei Mädchen schon früh auf. Wer kennt es nicht, einmal heimlich den Lippenstift und das Make-up der Mama gemopst und ausprobiert zu haben. Die Schuhe mit Absatz von Mami aus dem Schrank holen und damit keck durch die Wohnung laufen. Karneval ist da eine gute Zeit, in der man sich da richtig austoben kann. Verbieten Deine Eltern es Dir, schminkst Du Dich erst recht und das dann heimlich zu Hause, bei Deiner besten Freundin oder auf der Schultoilctte. Glaube mir, das haben wir alle gemacht, aber es war auch immer sehr aufwendig, bevor wir nach hause gekommen sind, uns wieder in das kleine süße Mädchen zu verwandeln. Du verpasst 100 % der Chancen, die du niemals wahrgenommen hast.

Wann sollten 12 jährige Mädchen in der Woche/am Wochenende ins Bett?

Sicherlich kennst Du auch die Diskussionen mit Deinen Eltern wegen der Uhrzeit, wann Du ins Bett gehen sollst. Wie viel Schlaf Du nötig hast, hängt zunächst einmal von Deinem Alter ab. Je älter Du wirst, desto weniger Schlaf brauchst Du. Als Säugling hattest Du noch keinen Tag-Nacht-Rhythmus und hast daher verteilt auf fünf bis sechs Phasen am Tag und in der Nacht geschlafen. Eine Schlafphase dauert etwa vier Stunden an. Kinder, die ein Jahr alt sind, kommen im Durchschnitt mit 3 Schlafphasen aus. Der Schlaf verteilt sich auf eine längere Nachtphase, die rund sechs bis acht Stunden andauert und zwei kurze Schlafsequenzen am Tag. Die meisten Kinder schlafen am Tag, wenn sie das Alter von 18 Monaten erreicht haben, meistens nur noch einmal. Ab dem zweiten Lebensjahr brauchen die meisten Kleinkinder keinen Schlaf am Mittag mehr. Bereits während des Kindesalters sind die verschiedenen Schlaftypen ersichtlich. Normalerweise liegt das an den Genen. Früh ist bereits erkennbar, ob Du eher eine Nachteule bist oder zu den Frühaufstehern gehörst. Die Pubertät bildet da allerdings eine Ausnahme.

In der Pubertät kommt ohnehin eigentlich alles aus dem Rhythmus. Jeder Mensch hat sein eigenes Schlafbedürfnis. Ein Kleinkind sollte 12 bis 13 Stunden Schlaf am Tag haben. Drei- bis Fünfjährige sollten noch elf bis zwölf Stunden schlafen. Wann Du ins Bett gehörst, hängt davon ab, wann Du morgens aufstehst. Musst Du um sechs Uhr aufstehen und brauchst etwa 10 Stunden Schlaf, solltest Du spätestens um 20 Uhr ins Bett gehen. Es kommt auch darauf an, wie lange Du brauchst bis Du eingeschlafen bist. Ein Kind im Kindergarten sollte gegen 18 Uhr ins Bett gehen. Kinder im Vorschulalter sollten, so fern sie um sechs Uhr aufstehen müssen, gegen 18:30 Uhr ins Bett. Grundschulkinder benötigen in etwa elf Stunden Schlaf und sollten gegen 19 Uhr ins Bett gehen, wenn am Morgen um sechs Uhr der Wecker klingelt. Im Alter von zehn bis elf Jahren ist 20 Uhr eine gute Zeit, wenn Du um sechs Uhr in der Früh raus musst. Für das Alter von zwölf bis dreizehn Jahren gilt 20:30 Uhr, wenn Du um sechs Uhr aus den Federn musst. Die Schlafdauer wird bei den Jugendlichen kürzer und die Zeit, zu der Du einschläfst, verschiebt sich weiter nach hinten.

Wie aber sieht es am Wochenende aus? Wann solltest Du da ins Bett gehen? Du kannst ja schließlich am nächsten Tag ausschlafen. Eine pauschale Aussage kann auch hier nicht getroffen werden. Im Alter von sechs bis zehn Jahren gilt bei einer Zubettgehzeit um 19 Uhr in der Woche, dass Du bis 20 Uhr aufbleiben kannst. Gehst Du im Alter zwischen elf und fünfzehn Jahren um 20 Uhr unter der Woche ins Bett, kannst Du am Wochenende bis 22 Uhr aufbleiben. Bist Du sechzehn Jahre alt, kannst Du selber entscheiden, wann Du ins Bett gehen möchtest. Am Wochenende kannst Du ruhig ausschlafen. So kann auch ein Defizit an Schlaf unter der Woche am Wochenende ausgeglichen werden, sollte es einmal zu einem solchen gekommen sein.

Zu wenig Schlaf kann schon mal vorkommen und ist nicht weiter schlimm, aber es sollte nicht zur Norm werden. Schläfst Du zu wenig, und das nicht nur einmal, sondern dauerhaft, kann es zu einem chronischen Schlafmangel kommen. Dieser kann Folgen haben, wie Lernprobleme, Konzentrationsstörungen, mangelndes Wachstum, kognitive Verzögerungen und Verhaltensauffälligkeiten. Die Hirnreifung findet überwiegend in der Nacht statt. Abgeschlossen ist sie erst, wenn Du 24 Jahre alt bist.

Die Schlafphasen teilen sich in leichte und tiefe Phasen auf. Was passiert genau im Schlaf? Die Tiefschlafphase kann bis zu einer Stunde dauern. Dein Körper lädt sich in dieser Zeit wieder mit Reserven auf. Es kommt zur Regeneration der Zellen. Weiterhin kommt es zu einer verstärkten Durchblutung Deiner Muskeln, zur Reparatur des Gewebes und noch einigem mehr. Während der REM-Phase regeneriert sich Dein Geist. Du träumst und verarbeitest während des Schlafens das, was am Tag geschehen ist. Umso länger Du schläfst, desto mehr REM-Phasen hast Du. Die Tiefschlafphasen hingegen werden weniger. Die Nacht beginnt mit dem Tiefschlaf. Er ist der Wichtigste. Universell gültige Richtwerte, wie viel an Tiefschlaf erforderlich ist, gibt es nicht. Der Schlaf, den Du vor Mitternacht hast, muss nicht zwingend der Beste sein. Wichtiger ist, dass gerade, wenn die Nachtruhe beginnt, Du dabei ungestört bist, damit Du auch in den Tiefschlaf kommen kannst. Ein Schlafzyklus dauert rund 90 Minuten und teilt sich in fünf Phasen auf: Die Einschlafphase, Leichtschlafphase, Tiefschlafphase, die erneute Tiefschlafphase und die REM-Schlafphase (Traumphase). Schläfst Du zu lange, wirkt sich das ebenso negativ aus, wie zu wenig Schlaf. Dein organischer Stoffwechsel wird negativ beeinflusst und das Risiko an Diabetes zu erkranken, erhöht sich. Am gesündesten schläfst Du, wenn Du immer zur gleichen Zeit schlafen gehst und aufstehst. Behalte Deinen Schlafrhythmus bei, der Dir das beste Wohlbefinden bereitet. Du kennst Deinen eigenen Körper am besten. Durchschlafstörungen wirken sich ebenfalls negativ auf Dein Wohlbefinden aus.

Darf ich mit 12 Jahren arbeiten?

Laut Jugendschutzgesetz darfst Du offiziell erst ab 13 Jahren arbeiten. Dein Gehirn ist noch nicht vollständig entwickelt. Es ist wichtig, dass Du außer der Schule, auch genügend Schlaf und Erholung brauchst. Dir ein kleines Taschengeld dazuzuverdienen, dem steht aber nichts im Wege. Frage doch einmal in Deinem Bekanntenkreis, Freundeskreis und Verwandtenkreis nach, ob Du nicht kleinere Aufgaben übernehmen darfst.

Liebst Du Tiere und kannst gut mit ihnen umgehen, wäre Pet Sitting doch eine gute Idee. Unterstütze andere bei der Tierbetreuung oder geh mit den Hunden der Nachbarn Gassi. Du kannst auch anbieten auf das Tier aufzupassen, wenn die Besitzer im Urlaub sind. Bei Tieren von Verwandten oder Bekannten hast Du den Vorteil, dass Du die Tiere schon kennst und sie Dich. Dies ist Dir eine Hilfe, richtig einschätzen zu können, was Du schaffst und was nicht. Insbesondere bei größeren Hunden ist das enorm wichtig. Sei realistisch und mute Dir nur das zu, was Du Dir auch wirklich zutraust. Du trägst die Verantwortung für Dich und das Tier. Das A und O ist bei dem Job auch die Zuverlässigkeit.

Biete Deinen Eltern oder Verwandten und Bekannten an, ihnen im Garten zu helfen. Du kannst die Pflanzen bewässern, das Unkraut zupfen oder Blumen einpflanzen oder den Rasen mähen. Bist Du gerne im Freien unterwegs, ist dies doch eine schöne Aufgabe.

Ältere Menschen brauchen für manche Dinge länger und es fällt ihnen schwerer oder sie können sie gar nicht mehr erledigen. Du könntest ihnen doch beispielsweise anbieten, für sie einkaufen zu gehen. Du kannst Dir so zum einen etwas dazuverdienen und übst eine sinnvolle Tätigkeit aus.

Du bist in einem Schulfach eine echte Leuchte? Dann nutze dies doch und gib anderen, die in dem Fach Probleme haben, Nachhilfeunterricht.

Du verdienst Dir ein paar Euro dazu und gehst selber auch für Dich den Lernstoff noch einmal durch. Fünf bis acht Euro sind da schon drin.

Die Schulferien bieten eine weitere gute Möglichkeit, Dein Taschengeld aufzubessern. Der Frühling und der Sommer sind die Zeiten, in der die Pflanzen eingepflanzt werden und die Blumen im Garten gepflegt werden müssen. Während der Winterferien könntest Du anbieten, Schnee im Hof zu schippen oder die Gehwege mit Salz zu bestreuen. Du könntest auch die Blumen oder den Garten Deiner Nachbarn versorgen, wenn Deine Nachbarn beispielsweise im Urlaub sind. Versagen darfst du auch mal, aber gebe niemals auf.

Taschengeld. Wie viel benötigt ein 12 jähriges Mädchen?

Als angemessen gilt für das Alter von 12 Jahren 20,00 bis 23,00 Euro im Monat. Wie viel Taschengeld Dir zusteht, hängt natürlich auch vom Einkommen Deiner Eltern ab. Es sollten Absprachen getroffen werden, wofür Du Dein Taschengeld verwenden kannst. Schulsachen, Nahrungsmittel und eine gewisse Grundausstattung an Klamotten, solltest Du nicht von Deinem Taschengeld bezahlen müssen. Sofern Du aber unbedingt „die" eine Jeanshose haben möchtest, die Du nicht brauchst oder für die es auch eine billigere Hose gäbe, ist hier Dein Taschengeld gefragt. Deine Eltern sollten Dir keine Vorschriften machen, wofür Du Dein Taschengeld ausgibst. Es liegt in Deiner Verantwortung damit einen Monat auszukommen.

Das Taschengeld reicht bei Teenagern oftmals nicht aus, egal, wie viel Mama und Papa springen lassen. Dies ist ein allgemeines Problem, das die meisten Teenager kennen. Es kann sein, dass Deine Eltern Dir zu wenig zahlen oder dass Du schlecht haushaltest mit Deinem Geld. Kommst Du aus diesem Grunde mit Deinem Geld nicht aus, sollten Deine Eltern sich nicht auf Vorschüsse oder Zwischenfinanzierungen einlassen. Reicht das Geld nicht, aus welchem Grund auch immer, hast Du die Möglichkeit etwas dazuzuverdienen. Während der Schulzeit darfst Du pro Tag maximal zwei Stunden nebenbei arbeiten und nur in der Zeit von acht Uhr morgens bis sechs Uhr abends. Für die Ferien gibt es eine Ausnahmeregelung. In denen darfst Du maximal vier Wochen zu je acht Stunden arbeiten.

Hey!- Sei nicht so schüchtern

Es ist nicht schlimm schüchtern zu sein. Akzeptiere es erst einmal und beginne langsam daran zu arbeiten. Zudem bietet Schüchternheit auch Vorteile. Bist Du eher der zurückhaltende Typ, ist das Risiko geringer, verletzt zu werden oftmals eher gegeben. Menschen, die unsicher sind, reagieren meistens auf bestimmte Situationen oder Bedürfnisse von anderen sensibler. Einfühlsam sein ist doch etwas Schönes.

Bleibe locker

Akzeptiere erst einmal, dass es im Moment so ist. Doch halte nicht daran fest. Das blockiert Dich nur und auf lange Sicht gesehen wirst Du nach und nach noch unsicherer. Stehe doch einfach mal zu Deiner Persönlichkeit. Einen Versuch ist es auf jeden Fall wert. Du darfst Dich keinesfalls unter Druck setzen lassen. Deine Schüchternheit gehört zu Dir, sie ist ein Teil von Dir und die Zeit wird es mit sich bringen, dass

Du lernst, mit ihr umzugehen. Du kannst sie sogar irgendwann zu Deinem Vorteil nutzen.

Die Perspektive wechseln

Bilde Dir nicht ein, andere würden Dich auslachen, nur weil Du ein wenig schüchtern bist. Stelle Dir einfach mal vor, was Du selber denken würdest, wenn ein Junge errötet, er nicht weiß, was er sagen soll oder er vor der Tafel steht und ihm nichts mehr einfällt. Würdest Du ihn auslachen? Eher nicht, oder? Du wirst es eher süß finden und sympathisch, dass er, wie Du auch, seine Schwächen hat. Die Anderen werden bei Dir genauso denken. Denke immer daran, es gibt andere denen es auch so ergeht. Einige andere Personen leiden auch darunter, nur sprechen sie nicht darüber. Du merkst es vielleicht einfach nur den Anderen nicht an. Das bedeutet: Auch bei Dir wird es wahrscheinlich niemand merken. Bleibe einfach cool und denke immer daran, dass niemand einen so kritischen Blick auf Dich hat, wie Du selbst.

Rede darüber

Gerade, wenn es um das Thema flirten geht, kann Dir Deine Schüchternheit im Weg stehen. Es ist aber absolut verständlich. Deinen Eltern ging es ganz genauso. Es gibt nur eines, was Du tun kannst: Tritt die Flucht nach vorn an. Bekommst Du, weil Du so aufgeregt bist, keinen Satz heraus, sage doch einfach beim nächsten Mal, dass Dir, wenn er Dich so süß anlächelt, absolut nichts mehr einfällt. Deine Offenheit wird ankommen. Deine Schüchternheit hast Du damit gleichzeitig auch überlistet.

Dein Potenzial nutzen

Du fühlst Dich unter den anderen Mädels so unsichtbar und inmitten der Mädchen steht Dein Schwarm. Wie kommst Du nun an ihn heran?

Gerate jetzt nicht in Panik. Warte einfach ab und lasse die Mädels, welche unbedingt im Mittelpunkt stehen wollen, ihre Show spielen. Du kannst seelenruhig beobachten, wie Dein Schwarm sich in der Situation verhält. Fühlt er sich geschmeichelt oder geht ihm das Getue auf die Nerven? Ist er genervt, ist das Deine Chance, Deinem Schwarm zu zeigen, dass Du nicht so bist wie die Anderen und Du mehr als sie zu bieten hast. Zeige ihm, dass Du diejenige bist, die zu ihm passt. Die meisten der Jungs finden laute Mädchen sehr schnell nervig. Gib nicht direkt alles von Dir preis, so bleibst Du mysteriös und spannend für ihn.

Übung macht den Meister

Diese Situation kennt wahrscheinlich jeder: Du musst vor der Klasse stehen und ein Referat halten und hast wahnsinniges Lampenfieber. Dir sitzt ein Kloß im Hals, Dein Kopf ist ganz rot und Du hast Angst, die Anderen könnten Dich auslachen. In solch einer Situation kann Dir nur immer wieder üben helfen. Stelle Dich immer wieder vor eine Herausforderung und Du wirst merken, dass Du nach und nach immer sicherer wirst und dass Du Deinen Leistungen vertrauen kannst. Dich zu drücken bringt Dir gar nichts. So verlierst Du die Angst nie. Du kannst zum Beispiel Dein nächstes Referat üben, indem Du Dich dabei vor den Spiegel stellst, und schaue Dir beim Vortragen Deines Referats in die Augen. Eine weitere Möglichkeit ist, das Referat jemandem vorzutragen oder trage es Deinem Haustier vor oder spreche das Referat in Dein Handy und höre es Dir anschließend an. So ist es auch leichter für Dich, Dinge auswendig zu lernen.

Etwas parat haben für die Notsituation

Sollte es wirklich zum Blackout vor der Klasse kommen, dann lächele erst mal und nimm ein paar tiefe Atemzüge, denn so verschaffst Du Dir etwas Zeit. Du kannst Dir auch einige Sätze zurechtlegen, wie:

„Möchte jemand etwas fragen?“ oder „Moment noch, es fällt mir gleich ein.“ Denke immer daran, es geht den Anderen auch so und Du selber findest das gar nicht schlimm.

Öfter mal etwas Neues ausprobieren

Es ist okay, wenn Du schüchtern bist, dennoch versäume nicht die Chance, Dich neuen Herausforderungen zu stellen, neue Freunde zu finden und tolle Dinge zu erleben. Es gibt etwas, was Du gezielt tun kannst. Du solltest auf andere Menschen zu gehen, wenngleich es Dich zu Anfang auch viel Überwindung kostet. Frage einen Menschen, den Du nicht kennst, nach dem Weg oder rufe die Info Hotline an und tausche etwas, was Du gekauft hast, um. Gehe auf andere Menschen beim Sport oder in der Theatergruppe zu. Du kommst dadurch weiter und kannst ganz automatisch üben, einen Umgang mit Deiner Schüchternheit zu finden. Vielleicht macht es Dir ja Mut, aber in der Regel nimmt Deine Schüchternheit im Laufe der Zeit ganz von selbst ab.

Auf die Körpersprache achten

Deine Körpersprache sagt viel über Dich aus. Sie hat eine bestimmte Wirkung auf andere. Stehe und gehe immer aufrecht. Die Arme dabei nicht verschränken, denn so weckst Du das Gefühl, dass Du Selbstvertrauen hast und offen bist. Auf Dein Empfinden färbt dies ab. Umso selbstbewusster und offener Du bist, desto mehr Selbstbewusstsein spürst Du auch in Dir. Wenn es auch Überwindung kostet, Du musst laut und deutlich sprechen, ansonsten kann es passieren, dass Du das, was Du gesagt hast, wiederholen musst.

Darüber lachen

Bleibe locker und lache auch einfach mal über Dich selbst. Es ist nicht schlimm, wenn Du schüchtern bist. Wirst Du auch mal rot und kommst gerade nicht weiter, denke immer daran, dass auch anderen das passiert und lache einfach mal. Die Schüchternheit einfach weglachen und nicht jedes Wort auf die Goldwaage legen und einen roten Kopf bekommen. Ist der Tag vorbei, ist ohnehin die Situation wieder vergessen.

Nicht zu viel daran denken

Der wichtigste Tipp überhaupt: Du bist schüchtern, okay, aber Du musst ja trotzdem nicht dauernd daran denken. Es ist nur verschwendete Zeit. Die Freunde, die Du hast, mögen Dich gerade, weil Du bist, wie Du bist. Eigentlich kannst Du doch ganz entspannt sein. Damit punktest Du dann auch bei Deinen Freunden. Denkst Du ständig an Deine Schüchternheit, machst Du Dich damit nur verrückt. Je weniger Du einen Gedanken daran verschwendest, desto weniger beeinträchtigt Dich Deine Schüchternheit. Fange auch ja nicht damit an, zwischen Dir und anderen Vergleiche zu ziehen. Je mehr Du Dich mit anderen Menschen vergleichst, desto schlechter geht es Dir und desto schlechter ist Deine Meinung über Dich selbst. Richte Deinen Fokus lieber auf Dich selbst, statt Dich mit anderen zu vergleichen. Lasse einfach alles auf Dich zukommen.

Ich kenne das auch mit der Schüchternheit und weiß wovon ich rede. Einen Tipp hätte ich noch für Dich: Stelle Dir doch das nächste mal alle Menschen mit Clownsnasen vor, vor denen Du sprechen musst. Das ist ein Spaß, Du wirst abgelenkt und musst zudem noch lachen.

FAQ – Alles Wissenswerte in Kürze

Welche Veränderungen machen mein Körper und ich durch?

Dein Körper wird sich verändern und das nicht nur innerlich, sondern auch äußerlich wird sich hier einiges tun. Du wirst merken wie die Brüste größer werden, Du bekommst Haare unter den Armen und auch Deine Schamhaare werden mehr werden. Es kann sogar sein, dass Du mit 12 Jahren das erste Mal Deine Periode bekommst.

Welche Situationen nerven 12 jährige Mädchen?

Mit 12 Jahren fängt es an, dass gerade Eltern, oder Erwachsene im Allgemeinen, nur noch nerven, weil sie ständig etwas von einem möchten. Für die Schule zu lernen ist out und Hausarbeiten sind eher was für Andere und Regeln zu befolgen passt so gar nicht in Deinen Alltagsplan.

Wie erkennen 12 jährige Mädchen, dass sie verliebt sind?

12-Jährige Mädchen bemerken das erste Mal, dass sie sich zu einem Jungen, aber manchmal auch zu einem Mädchen, hingezogen fühlen. Sie können diese Gefühle noch nicht richtig zuordnen und benehmen sich eher komisch für Außenstehende. Der Bauch fühlt sich komisch an, die Hände kribbeln und ist die begehrte Person in der Nähe, so läuft man rot an oder bekommt keinen Ton heraus.

Ist Sex mit 12 Jahren ok?

Sex ist mit 12 Jahren oftmals noch kein Thema, doch kommt es zu diesem, so sind viele Mädchen in diesem Alter eher verunsichert. Es gibt viele Fragen, die auf eine Antwort warten. Man möchte sich ausprobieren und möchte den Partner nicht verärgern. Es ist jedoch in Ordnung, wenn man Dinge, zu denen man noch nicht bereits ist, auch nicht macht. Sex kann wunderschön sein, aber auch nur dann, wenn man es selber gerne machen möchte und nicht einem Zwang folgt.

Social Media – eine coole Sache?

Social Media ist in der heutigen Zeit ein enorm starkes Thema und eigentlich gehen gerade Jugendliche immer mehr online. Man kann sich mit anderen Gleichaltrigen austauschen, Dinge posten und ist immer bestens informiert. Wer heute nicht online geht, der ist eher altbacken und uncool, jedoch ist es wichtig, dass Du es nicht übertreibst. Jeden Tag ein bisschen ist sicherlich mega, aber das Chillen mit Freunden sollte nicht aus den Augen verloren werden, ebenso wie die Verpflichtungen, die man mit 12 Jahren hat.

Kann ich mit 12 Jahren alles machen, was Spaß macht?

Naja, alles machen, was Spaß macht ist sicherlich ein bisschen übertrieben. Hier kommt es natürlich immer darauf an, was Dir eigentlich Spaß macht. Hierzu zählt sicherlich nicht, dass Du jeden Deiner Abende in der Disko verbringst oder auf bleibst bis spät nachts. Du kannst jedoch einiges machen, was Du zuvor noch nicht durftest. Eventuell eine Stunde länger draußen bleiben oder etwas länger aufbleiben.

Gibt es Regeln bei der Klamottenwahl?

Die Regeln stellen in den meisten Fällen eher die Eltern auf. Coole Klamotten sind angesagt und die solltest Du auch ruhig tragen, jedoch solltest Du Dir vorher überlegen, wo Du mit diesen hingehen möchtest. Das Geld, welches Deine Eltern Dir für diese Klamotten geben können, spielt ebenfalls eine große Rolle. Nicht alle Eltern verfügen über die Möglichkeit, teure Sachen zu kaufen, aber es gibt auch coole günstige Klamotten. Des Weiteren solltest Du Dich nicht zu aufreizend kleiden, weil es immer Menschen gibt, die eine solche Kleidung falsch verstehen könnten und Dir eventuell etwas Böses wollen.

Sind Make-up und Co. für 12 jährige Mädchen angebracht?

Make-up und Co, ein tolles Thema, gerade für 12 jährige Mädchen. Ein bisschen Lippenstift, etwas Make-up, Puder und natürlich Kajalstift, der nicht fehlen darf. Frag Dich hier, was Dir besonders gefällt. Möchtest Du einen Jungen beeindrucken, dann denke immer daran, es gibt viele Jungs, die finden Make-up und Co. Eklig. Sie lieben eher natürliche Mädchen. Ein bisschen Schminke, aber eher dezent, ist immer ansprechender, als wenn Du Dich so stark veränderst, dass man Dich gar nicht mehr erkennen kann.

Gibt es gesetzliche Vorgaben, wie lange ich aufbleiben darf?

Ja, solche Gesetze gibt es und trifft man Dich später auf der Straße an, hiermit ist die Polizei oder das Jugendamt gemeint, kann es nicht nur teuer für Deine Eltern werden, sondern auch Folgen für Dich haben. Es sagt sicherlich niemand etwas, wenn Du am Wochenende mal eine Stunde länger draußen bleiben darfst, mit Absprache Deiner Eltern, aber im Allgemeinen geht dies nicht. Bist Du mit Deinen Eltern oder einem Anderen unterwegs, so ist dies ebenfalls möglich.

Kann ich mit Arbeit mein Taschengeld aufbessern?

Taschengeld ist ein großes Thema und eigentlich hat man nie genug Geld in der Tasche. Es ist aber auch alles so furchtbar teuer. Bist Du der Meinung, dass Du mit Deinem Taschengeld nicht auskommst, dann musst Du Deinen Popo leider in Bewegung setzen und selbst etwas an der Situation ändern. Du kannst mit 12 Jahren schon einige Arbeiten ausführen und so Dein Taschengeld aufbessern. Du benötigst jedoch die Erlaubnis Deiner Eltern und darfst nur eine bestimmte Stundenzahl in der Woche bzw. am Tag arbeiten.

Gibt es Vorgaben, wie viel Taschengeld einem 12 jährigen Mädchen zusteht?

Die Sache mit dem Taschengeld ist so eine Sache. Denn wie viel Du im Monat oder in der Woche bekommen solltest, ist recht unterschiedlich geregelt. Es kommt vorrangig darauf an, was sich Deine Eltern leisten können. Es gibt 12 Jährige, die im Monat 5,00 Euro erhalten und andere Jugendliche 30,00 Euro. Du solltest hier nicht davon ausgehen, was Deine Freunde bekommen. Es gibt zwar eine ungefähre Richtlinie oder Empfehlung, was das Gesetz vorgibt, doch können sich Deine Eltern das nicht leisten, musst Du auch mit weniger Geld auskommen.

ICH DANKE DIR

Vielen Dank, dass Du Dir mein Buch durchgelesen hast. Ich hoffe, dass Du einige Dinge jetzt besser verstehst und auch Deine Eltern überzeugen konntest, dass Sie sich an ihre Pubertät erinnern sollten. Du wirst schließlich jetzt erwachsen und da spielen sich viele Dinge in Deinem Kopf ab. Auch Dein Körper wird sich nach und nach verändern. Bist Du gerade einmal an einem Punkt angelangt, wo Du nicht weiterweißt, dann schnapp Dir dieses Buch und lese ein bisschen darin. Du wirst danach sicherlich wieder mit mehr Mut und Verständnis an die Sache herangehen können. Viel Glück und viel Spaß beim erwachsen werden.

Rechtliches

Jahr der Veröffentlichung: 2022

1.Auflage

Impressum

Die Autorin Sarah Berg ist vertreten durch:

Aziz Ünal

Alzeyer Str. 20

55278 Undenheim

Covervorgestaltung: fiverr.com/germancreative

Coverfoto: despositphotos.com

E-Mail: autor.berg@gmail.com

Printed in Poland
by Amazon Fulfillment
Poland Sp. z o.o., Wrocław

87351003R10054